不可不知的中华节日常识

青少年版

红素清 著

团结出版社

图书在版编目（ＣＩＰ）数据

不可不知的中华节日常识 : 青少年版 / 红素清著.
-- 北京 : 团结出版社, 2018.1（2019.11 重印）
ISBN 978-7-5126-5546-1

Ⅰ. ①不… Ⅱ. ①红… Ⅲ. ①节日－风俗习惯－中国
－青少年读物 Ⅳ. ①K892.1-49

中国版本图书馆CIP数据核字(2017)第 219598 号

出　版：团结出版社
　　　　（北京市东城区东皇城根南街84号　邮编：100006）
电　话：（010）65228880　65244790 （出版社）
　　　　（010）65238766　85113874　65133603（发行部）
　　　　（010）65133603（邮购）
网　址：http://www.tjpress.com
E-mail：zb65244790@vip.163.com
　　　　fx65133603@163.com（发行部邮购）
经　销：全国新华书店
印　装：三河市东方印刷有限公司

开　本：170mm×230mm　　　16 开
印　张：12.5
字　数：158 千字
版　次：2018 年 1 月　　第 1 版
印　次：2019 年 11 月　　第 4 次印刷

书　号：978-7-5126-5546-1
定　价：29.80 元

序 言

　　我们中华民族已经有五千年的历史，在这条历史的长河中，民俗文化源远流长。它包罗万象，凝结了我们祖先的无穷智慧；它璀璨耀眼，囊括了先人的无限光芒；它流传千古，牵引着历史前进的船桨。在人类的文明史上，中华民俗是一朵永不衰败的花。

　　中国民俗文化繁荣复杂，它涵盖了我们华夏民族从古到今的物质生活、社会生活以及精神生活的各个方面。物质生活是指人类在长期的生产生活中的改造自然的方式；社会生活是指人类在日常生活中的一些固定的行为模式；而精神生活则是指人类在精神信仰中所形成的属于自己的精神价值观以及审美情趣等。随着历史的进化、社会经济的飞速发展，千百年留下的许多习俗文化虽然已经被淡化，甚至被遗忘，但是却不曾消失，它像一株生命力极强的小草，在历史的长河中不断生根发芽，到今天仍然存在于我们社会的各个角落。

　　法国现代著名文学家罗曼·罗兰说过："人类历史上的那些优秀文化遗产就如一座座高峰，我们要定期登上这些山峰去看一看，去呼吸新鲜空气去汲取营养，然后我们才能神清气爽地下得山来，勇敢地投入生活。"

　　我们中华民族有五千年的文化遗产，我们是一个注重传承民族文化精神的国家，也是一个主张弘扬优秀文化的民族，作为这个民族的

一分子，我们就更有义务去传承和发扬我们的文化。对于社会来说，优秀文化如同瑶池仙境，它可以净化我们每一个人的心灵；对于个人来说，优秀文化如一剂良药，它能给予我们无穷尽的智慧和力量，促进我们奋勇向前，永不停歇。

每个时代有每个时代特定的产物，它是这个时代存在的最佳证明。随着社会突飞猛进的跨越、经济的飞速发展，很多产物已经被遗忘在角落里。当日的皆大欢喜，如今已经不悲不喜；当日的盛况空前，如今已经平平淡淡；当日的百般重视，如今已被很多人看做繁文缛节。很多历史的足迹在慢慢淡化。为了更好地发扬我们中华民族的优秀传统，也为了唤醒人类最初的记忆，我特意写下了《不可不知的中华节日常识（青少年版）》这本书。全书以我们中国的传统节日为线索，共八篇，容纳了各个地方的物质、精神和文化的各个方面，从全新的角度向我们展示了中华民族伟大的民俗文化。

五千年的历史浩瀚如海，本书的内容不过是点滴雨露，作为华夏子孙之一，我既不是民俗的专业研究者，也不是文化学者，我只是一名普通的热爱中华文化的炎黄子孙之一，我也只是尽我所能将自己所有知道的写了下来。本书在内容上谈不上包罗万象，在方式上更加谈不上尽善尽美，为此，我真诚地希望广大读者能够提出建议，作出指正。

红素清

2017 年 2 月 17 日

作于某山村小镇

目 录
Contents

第一篇
欢天喜地迎新春

作为中华民族最隆重的传统节日，春节就像是一朵冬日里的蜡梅。它无须映衬，色相自来；无须簇拥，芬芳自溢；无须喧嚣，蜂蝶自来。日复一日，年复一年，兜兜转转，小孩咿咿呀呀，盼望着新衣服、压岁钱，大人们忙忙碌碌一年，只盼来年花更好、月更圆、人更美。我们带着虔诚，心里眼里都是满满的期盼，相信过去的已然过去，然后用别样的情怀去迎接新的明天。

第一章　小年

小年——简单的两个字，蕴含着无尽情，它像那一树一树的花，年复一年地开在我们历史的长河之上，我们置身其中，嗅着它的香味，吮着它的甘露，将心底深处那最美好的愿望寄托于它，一步步地向前走。

小年不"小"，它其实很"老"。

伴着论语中的"与其媚舆奥，宁媚与灶"，穿越历史的隧道，我们邂逅美丽的传说。传说里，灶王爷要在腊月二十四这一天升天，向玉皇大帝汇报民间每家人的功过。一年一度，机会难得。于是人们满怀虔诚与尊重，将自己对美好生活的向往全数给予灶君，托其一并带给玉皇大帝。故腊月二十四被称为小年，祭灶成了其主要习俗。

从《礼记·月令》中的"祀灶之礼，设主于灶径"到《战国策·赵策》中的"复涤侦谓卫君曰：臣尝梦见灶君"到唐代罗隐的送灶诗"一盏清茶一缕烟，灶君皇帝上青天"……我们可以清楚地窥探到小年上祭灶之礼的沿袭。

时光流转，到了清朝雍正年间，小年在时间上有了分化。届时雍正皇帝为了提倡勤俭节约而将腊月二十三的祀神活动与腊月二十四的祭灶活动并为一天——腊月二十三，从而使得小年在时间上有了官家腊月二十三、普通百姓腊月二十四、水上人家则是腊月二十五的"官三民四船五"之说法。

岁月走过千年，到了如今，小年已不再是严格意义上的节日，而是成了一种习俗。现在我们以南北为界，北方大多是腊月二十三，南

方大多是腊月二十四。除此之外还有一些特别的地区，如河南东部和南部的少数村落以及山东莱阳等地，他们的小年是六月初一，布依族人民是六月初六，四川和贵州的部分地区，他们的小年则是腊月三十，浙江、上海的一些地方则是在正月初五。

　　年年岁岁，尽管小年这一节气的时间一直在沿袭并变化着，但是祭祖这一活动却一直存在，它的地位不曾动摇。在小年这个属于我们中华民族的传统节日之中，无论今时还是往日，我们都可以看到祭祖习俗之重，感到灶神之威，悟到小年之兴盛。

　　"民以食为天"，灶神成了人们心中理所当然的一家之主，人们以食供之，也希望其给自己带来丰收、平安和好运。

　　古时，丰盛的酒食是祭灶必不可少的。和现在春节贴对联略为相似，那时人们在厨房锅台相对应的墙壁上张贴灶王爷和灶王奶奶的画像予以供奉，并附以对联，上联：上天奏好事，下联：下界保平安，横批：一家之主。这一上一下一横批，寄人们心中所托，含人们心中所望，更彰显了灶神的地位。

　　今日，随着经济的发展、时代的变迁，民不仅仅只以食为天，或以工、以商、以才……可许是不管以什么为天，归根结底还要以食而活，因此小年的祭灶活动中仍旧是以食物为主。

　　历经洗礼，老北京的皇城换了新颜，四合院更了新衣，祭灶这一习俗却像那屹立在东方的万里长城一般，依然在一些地方流传着，但较旧时简化不少。

　　旧时腊月二十三，属于北方的严寒还不曾退去，小年依然悄悄来临。晚饭过后，他们的祭灶活动拉开了序幕。

　　在这里，这一活动由刚健有力的男子进行，他们将室内摆上拭擦干净的供桌，桌子上摆满精心制作的关东糖、糖饼等，然后在室外立一个大杆子，上面布上"天灯"，待一切准备妥当后，男子依照长幼顺序进行祭拜，乞求灶王爷给自己带来好运。

河南，地处地大物博的中原，当年的兵家必争之地，现今已经没了兵荒马乱的痕迹。跟着哗啦啦的水流，我们看到的仅有往日节气的气息。

这里的祭灶方式很多，在西部的农村地区，很多地方的厨房上张贴着灶神的画像，到了小年，人们会在画像前摆上二十四个火烧，然后焚香祭拜，祈祷来年能有好的收成。而在东部和南部的一些村落，他们的小年是六月初一，那个时候刚收过小麦，他们内心里满是丰收的喜悦，人们在屋内、院子甚至是麦场摆上供桌，上面放着馒头、桃、杏等五种东西，然后再用斗盛满丰收的小麦，并在上面贴上红色的福字，最后鸣响鞭炮祈祷来年收成更好。

在小年从这里走一遭，相信你定会感叹它担得起"地大物博"这四个字。

"上有天堂，下有苏杭。"在很多人眼里江浙沪一带以风景名胜而闻名，殊不知它的小年也是别具一格的。

正月初五凌晨，当很多人还沉浸在香甜的睡梦中时，江浙沪的一些地区，人们已经打开窗门鸣响鞭炮了。他们用这种方式过小年，迎财神和路头神，那一闪一闪的亮光、一点一点的喧嚣，真可谓红红火火。

关于路头神，在民间还有一个说法：元末何五路为抵御外敌光荣牺牲，由此被人们尊为神即五路神。于是，每到小年，人们便早早起来，立好供桌，进行迎接和祭奠，乞求财源和平安。

蒸花馍是小年的又一个习俗。

你一定还记得，曾经一条"世间竟有这么美的馒头，你舍得吃吗？"的新闻让人眼前一亮，山东胶东的花饽饽简直美得不像话，恐怕就是热衷并遍尝美食的朋友看了也只会用眼睛"流口水"。

如此耀眼的花饽饽其实就是我们小年的习俗之一——蒸花馍。如今它让人眼前一亮，当初它曾经"叱咤"中原，在中国黄河流域和陕

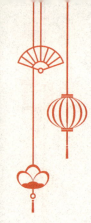

西关中农村流传甚广。

三百年前，花馍馍又名香馍馍，是佳节和喜丧之事上的"佳肴"，它们或严肃或瑰丽花哨，用以敬神或走亲戚，从而表示对神灵的尊重和亲戚的关怀。

奈何百年过后，珍品百出，"佳肴"变"稀肴"，"花馍馍"变"花婆婆"，知她懂她爱她者着实太少，许是她真的生气了，便只给众人一个流口水的份儿。

"岁晏乡村嫁娶忙，宜春帖子逗春光。灯前姊妹私相语，守岁今年是洞房。"这是一首至今还在流传的民谣，透过那字里行间，我们可以感受到古时的嫁娶之事。古时不比今日，交通便利、事事遂心，太多的顾忌，太多的无奈，嫁出去的女儿就真的嫁出去了，有几分喜便有几分惜……

这便是古时小年中的赶婚习俗，传说这一日诸神都上了天，所以没有什么忌讳，出嫁什么的也不用再挑选日子，所以便有了民谣描绘的画面。

梳洗也曾是小年的习俗之一，那时从不理发的人们也会在小年里梳洗剪发，在山西更有女子用开水洗脚这一习惯，寓意洗去一年的晦气，迎接新的一年。由于时代的发展，人们也开始注重个人的卫生，这一习惯已然消失。

祖国大，差异自然也大，在小年里，除了习俗上的差异，各地区的饮食文化也不尽相同。

饮食上，我们就先从地处中原的河南说起，在河南西部的一些村落，厨房内常年张贴着灶神的画像，每到小年，人们会在画像前放上二十四个烧饼进行焚香跪拜，乞求来年的丰收。而南部和东部的部分村落则是六月初一过小年，他们会在祭祖之后吃一顿杂烩菜，里面有肉、青菜、粉条、海带等，气氛非常欢快。

与河南南部地区相同，山东的莱阳也是在六月过小年，不同的是他们在当日吃的是用新面做的馒头和饺子，预示着一切焕然一新。

　　另外在贵州遵义的一些少数民族也有过小年的习俗，他们在饮食上不以面食为主，而是吃一些糯米糍粑和猪、羊、牛肉等。

　　到了江浙一带，人们在这一天把饴糖拌上米粉做成元宝形状的"糖元宝"，看起来活灵活现像真的一样，不过他们不吃，而是供奉灶神，乞求财富。

　　五十六个民族，五十六朵花，虽然起源之时的小年是属于汉族人民的节日，不过历史延续到今日，小年已经不仅仅是汉民族的节日了，如贵州布依族聚居地的人民，他们在小年里除了祭祖，还有丢花包、议郎等活动，格外有趣。

　　小年——简单的两个字，蕴含着无尽情，它像那一树一树的花，年复一年地开在我们历史的长河之上。我们置身其中，嗅着它的香味，吮着它的甘露，将心底深处那最美好的愿望寄托于它，一步步地向前走。

小年不可不知的常识：

　　1. 小年是我国汉民族的传统节日，关于节日的时间，各地方从古到今都不相同。最早大部分地区为腊月二十四，从雍正年间开始有"官三民四船五"的说法，现在有腊月二十三、腊月二十四、腊月三十、六月初一、六月初六、正月初五，这六个时间。

　　2. 小年这个节日在我国普遍存在，但节日中的很多习俗如：蒸花馍、赶婚、祭祖、扫尘等，现在均已淡化，只在少数地区有所保留。

　　3. 我国的一些少数民族也过小年，其活动也很多很精彩。

参考文献：

1.（战国）孔丘：《礼记·月令》（儒家经典《礼记》中的一篇，全名为《礼记·月令第六》）。

2.（战国）刘向：《战国策·赵策》。

第二章　除旧迎新

作为中华民族最隆重的传统节日，春节就像是一朵冬日里的蜡梅。它无须映衬，色相自来；无须簇拥，芬芳自溢；无须喧嚣，蜂蝶自来。日复一日，年复一年，兜兜转转，小孩咿咿呀呀，盼望着新衣服、压岁钱，大人们忙忙碌碌一年，只盼来年花更好、月更圆、人更美。我们带着虔诚，心里眼里都是满满的期盼，相信过去的已然过去，然后用别样的情怀去迎接新的明天。

俗话说得好"旧的不去，新的不来"。又是一年好时节，让旧的去，新的来。

辞旧迎新这个词，若追溯起来，我们要回到《诗经》时代。《诗经·豳风·七月》有云："穹室熏鼠，塞向墐户。嗟我妇子，曰为改岁，入此室处。"透过浓浓的古香，我们仿佛看到勤劳质朴的人们正在整理屋舍，熏除老鼠，为迎新年忙得不亦乐乎。

后来，宋代吴自牧的《梦粱录》有云："十二月尽……士庶家不论大小，俱洒扫门闾，去尘秽、净庭户……以祈新岁之安。"可见扫尘除疫这一习俗是代代相传，直至今日的。

只是，今时不同往日，随着岁月的洗礼，除疫这项风俗已经被人们逐渐简化。扫尘也不再那样讲究，曾经的榕树枝叶、嫩竹枝叶等工具已被更加简单好用的扫把、掸子所取代。

形变本未改，性变质未变，无论工具如何，扫尘已经成为新年辞旧迎新的一种印记。它就像是那净土里长出的一棵幼苗，即使他日叶

再繁枝再茂，根也总在那里，不离不弃。

从早期的"列廛于国，日中为市"到"商邑翼翼，四方之极"，集市的形成和步步规范给人们提供了很大的方便，尤其是后来的腊月集，丰富了人们的年货，为迎新添了不少色彩。

虽是寒冬腊月，集市上却有"春暖花开，百花争艳"的场面。新衣布匹、春联日历、糖果蔬菜，满目琳琅，应有尽有，人们簇拥着，在需要的年货中比较、徘徊、选购，真是好不热闹。

看着这样喜气洋洋的画面，让人不由得想到一个特殊的群体——商人。尤其是老北京庙会的商人们，在我们忙着置办年货、打扫房屋之时，他们却要在忙碌的准备货物为初一的庙会作准备，对这些人来说添置一些新的货物便是辞旧迎新的最佳方式了。

"千里不同风，百里不同俗"，对于最隆重的春节来说则更是如此了，下面就让我们一起从北到南去看看各地辞旧迎新的风俗吧！

团团圆圆过大年这句话在旧年俗较多的东北可真是极为应景，在那里，一切辞旧迎新的活动都要在除夕夜举行。届时，全家人换上新衣服，一起祭祖焚香，还要根据长幼次序向祖宗磕头，表示辞岁，随后全家人再举行家宴，长辈先上座，晚辈们团团而坐，取"阖第团圆"之意。

河北的辞旧迎新大多从腊月就开始的，那里的人们在腊月二十三家家户户扫庭院，腊月二十五便开始张贴春联，烘托喜庆气氛，到了除夕晚上，全家人还要坐在一起包水饺、备冷拼，为新一年的第一顿饭作准备。

提起陕北，很多人首先想起的一定是那里的民歌，那质朴的歌词、诚挚的旋律如山涧激流腾空涌来，给人一种灵动炽热的美感，同那民歌一样，陕北的辞旧迎新也是格外的赤诚火热，到处红红火火。

每年进入腊月，当地的妇女就开始忙碌起来，她们用自己那勤劳质朴的双手为家里准备一切吃穿，推上碾子压糕面，赶上毛驴磨豆腐，蒸黄馍馍，做黄酒，擀杂面，炸油糕……还有那全家人的被褥清洁、新衣服制作，都是她们在年前准备妥当。我想，那一定是一双至柔至刚的手，才能经受住如此操劳，担起如此重任。

给孩子做个"枣牌牌"是陕北独有的另一种习俗，"枣牌牌"就是用红线穿上红枣、谷草秸秸，上面挂个铜钱，下面坠个鞭炮。在陕北这是一种避邪祝福的吉祥物，据说挂在孩子的后背，不仅可以驱邪，还可以带来好运。

妇女做活的"顶针"在当地也是祝福的吉祥物，有些人家用红线穿上它，挂在孩子的脖子上，十二岁之前每年增加一个，寓意吉祥幸福，当地人叫"增岁顶针"。

"二十三，祭灶官；二十四，扫房子；二十五，打豆腐；二十六，去割肉；二十七，杀只鸡；二十八，杀只鸭；二十九，去打酒；年三十儿，贴门旗儿。"开封的一首民谣基本上概括了河南人辞旧迎新的全部过程，虽然现在很多人已经不亲自打豆腐，杀牲畜，但是在很多农村地区，这些习俗都还完好无缺地保留着。

贴对联在河南的部分地区特别讲究，如林州、卢氏等地，对联就格外有意思。林州地区在旧时人们讲究贴门神，门神像多为秦琼、敬德、大刀关公、五子登科等，大多是刻板印的。后来，农村又兴起了贴双对联，即贴两副对联，门框上一副，门垛墙上再贴一副。

在河南卢市县农村地区贴的对联极多，院子里的庭树上要贴"欢度新春"，石磨上要贴"白虎大吉"，石碾上贴"青龙大吉"，车上贴"日行千里"，牲口槽上贴"六畜兴旺"，粮食屯上贴"米麦满仓"，桌子上贴"日进斗金"，衣柜上贴"衣服满箱"，床头上贴"身体健康"，厨房贴"小心灯火"，鸡笼贴"鸡鸭成群"……在此地区对联分红、绿两种，一般人们贴红色对联，若是家中有丧事则必须连续三年贴绿色对联，三年过后才可贴红色对联。

除了贴春联，江苏无锡的人们还贴桃符、门补，据说有辟邪的好

处。由于钟馗捉鬼的故事在当地流传较广，所以当地人民还会在新年来临之际挂上钟馗画像，以避新一年的鬼祟。在部分村落，很多人家有在门楣上张挂吉庆语句的红单联的习俗。

不同于北方的春联，闽南一带的乡村地区除了贴春联以外，还要在房门两侧搁置甘蔗，这甘蔗必须是两株圈贴红纸连根的，俗称"门蔗"，地方语言"蔗"与"佳"读音相近，寓意进入佳境。

腊梅花是重庆人辞旧迎新的标志。在这个有着雾都和山城称号的城市，淳朴的人们会在春节前背着背笼到近郊采一些蜡梅花，他们会挑选自己喜欢的颜色放置在家中，既实惠漂亮又清香温馨。不过对于一些年轻人来说，他们往往用一些颜色鲜艳的花束来代替蜡梅，他们觉得那鲜艳的颜色更能烘托出春节的气氛。

相对于以上城市，南宁的欢度新春方式就比较单一了，那里的人们只是在大年初一凌晨时一起燃放鞭炮，就表示辞旧迎新了。

与内地不同，香港地区的迎新方式独具特色，他们不贴春联、年画，取而代之的是"生意兴隆""出入平安"等字样。我们常见的舞龙舞狮等表演在香港的集市上也很难看到。对于香港来说，辞旧迎新的方式便是逛花市了，在除夕，香港的大小花市都人山人海，大家用自己的方式欢度佳节。

提起台湾不得不说起尾牙节，尾牙节是农历的十二月十六，是台湾非常重大的节日，这天家家户户都要祭拜土地公。另外生意人还要将祭品分享给同事，当地人叫"食尾牙"。"食尾牙"还有一个说法，就是如果老板想解雇某个员工，就会以鸡头相向，预示着让对方另谋高就。如今这一节日在闽南地区格外流行。

台湾地区人们的春节要从腊月二十三开始，从那天起人们就开始全面的打扫卫生，纷纷置办年货。到了除夕（台湾叫"二九暝"）这天，人们先将象征着吉祥如意的春联贴在自家的门窗上面，之后人们开始祭拜祖先。他们在室内摆上供桌，桌上摆设供品和香烛，这次的祭拜为的是迎接祖先们"回家过年"，祭拜完毕，人们便开始燃放烟花爆竹，到此，台湾地区人们的辞旧迎新活动也告一段落。

作为中华民族最隆重的传统节日，春节就像是一朵冬日里的蜡梅。它无须映衬，色相自来；无须簇拥，芬芳自溢；无须喧嚣，蜂蝶自来。日复一日，年复一年，兜兜转转，小孩咿咿呀呀，盼望着新衣服、压岁钱，大人们忙忙碌碌一年，只盼来年花更好、月更圆、人更美。我们带着虔诚，心里眼里都是满满的期盼，相信过去的已然过去，然后用别样的情怀去迎接新的明天。

辞旧迎新不可不知的常识：

1. 辞旧迎新只是一种隶属于春节的习俗，它并不是一个节日，更加没有固定的时间，大多数地方到了腊月就开始陆陆续续地准备一些能准备的事情，为新年讨个好彩头。

2. 扫尘这一习俗在古时候讲究颇多，有的地方还有固定的时间，如老北京就把腊月二十四定位"扫房日"，有的地方则是腊月二十三。现在形式上都已经简化，大多数地方没有统一的标准与规定，多为年前的大扫除。

3. 辞旧迎新中贴春联这一习俗目前还是比较兴盛的，但是随着时代的变化发展，其内容也在简化，文中所介绍的一些内容如今已经被淡化。

参考文献：

1.《诗经》（是中国古代诗歌的开端、最早的一部诗歌总集）。

2.（宋）吴自牧：《梦粱录》（主要介绍南宋都城临安的城市风貌）。

第三章　除夕

　　有句俗语说得好"近水楼台先得月"，若说年是水，那节日里的习俗就如同挂在天空的月亮，它倒映在水中，为其锦上添花，而除夕就是那近水的楼台，因为靠年最近，花自然也添了不少——驱逐、守岁、踩岁、扔愁帽、打醋坛、打扁担、放鞭炮、年夜饭……这每一朵都熠熠生辉。

　　节日和传说是我国传统文化中的两块璞玉，如今同属"发光体"的它们大多时候成了分不开的姐妹，如除夕。

　　相传夕是无恶不作的怪兽，每到年末午夜，就去祸害人们，人们用爆竹将其赶走后，为表庆贺，便将每年农历腊月的最后一个晚上，称为除夕日。传说虽无从考证，不过据《吕氏春秋》记载，古人在新年前一天用击鼓的方法来驱赶"疫病之鬼"，此为"除夕"节令的由来。

　　有句俗语说得好"近水楼台先得月"，若说年是水，那节日里的习俗就如同挂在天空的月亮，它倒映在水中，为其锦上添花，而除夕就是那近水的楼台，因为靠年最近，花自然也添了不少——驱逐、守岁、踩岁、扔愁帽、打醋坛、打扁担、放鞭炮、年夜饭……这每一朵都熠熠生辉。

　　驱逐是属于古人的，《吕氏春秋》有云："命有司大傩，旁磔，出土牛，以送寒气。"高诱注："大傩，逐尽阴气，为阳导也。今人腊岁前一日击鼓驱疫，谓之逐除，是也。"一字一句，慢慢斟酌，我们可以感到当时仪式之重。

众所周知古人极重仪式，除夕更加不例外，除却仪式，人们还有饮屠苏之习。高濂在《遵生八笺》中有云："屠苏方：大黄十六铢，白术十五铢，桔梗十五株，蜀椒十五铢，去目桂心十八铢，去皮乌头六铢，去皮脐莐藭十二铢。"

现在略微接触过中药的人，可能便识得这些可以除病的药材。古人用以驱鬼，可见在当时人的心目中鬼即病。原来时局外的我们所谓的迷信，在他们心中并非空穴来风，毫无依据的。

"欲知垂尽岁，有似赴壑蛇。修鳞半已没，去意谁能遮。况欲系其尾，虽勤知奈何。儿童强不睡，相守夜欢哗。晨鸡且勿唱，更鼓畏添挝。坐久灯烬落，起看北斗斜。明年岂无年，心事恐蹉跎。努力尽今夕，少年犹可夸。"才华横溢的苏东坡先生一首《守岁》，对旧时光发出了无数感慨。

光阴，走好，不送。

除夕夜，全家人坐在一起看春晚，见证新年的钟声，那感觉是如此之好，想必很多人心里浮现的是上面六个字。留不住的不强求，我们守岁不为守光阴，只为守传统、守习俗、守美妙的开始……

东北的守岁如同他们的人一样干脆、豪爽，那里的热闹一点儿也不拖泥带水。除夕夜里，他们彻夜不眠，用自己独特的方式庆祝着、欢闹着……

旧时那个不眠夜，他们有各种娱乐活动，孩子们比较随意，像抖空竹、抽陀螺、捻升官图、掷骰子、玩牛牌、吹琉璃喇叭、吹口琴、要影戏人、点走马灯等都可以无拘无束地玩耍，老人们则坐在一起斗纸牌、打麻将等。

这样的玩乐一直持续到午夜，当此起彼伏的鞭炮声响，眼前是一片"遍天银花锈，阖街硝烟浓"的景象。此时，他们全家人聚在一起，开始在桌前焚香叩拜，供上素馅水饺，迎接诸神下界。

零点的钟声敲响，"五更分二年"的庄严时刻也就到来了，他们全家互道"新禧"，晚辈到堂上给长辈们叩首拜年，长辈们要在这个时候给未成年的晚辈们"压岁钱"。

一切礼仪完毕后，全家人开始坐在一起吃饺子，这饺子必须是素馅的，当地人称之为"五更饺子"或"团圆饺子"。这些饺子里会放有一个硬币，若谁吃到了那就是天大的幸运，预示着他在新的一年里都会诸事顺遂。

和东北的守岁有些相似，河南人的除夕夜也是热闹的也是质朴的。在那里，人们会早早地把饺子包好，然后或坐在电视机前看春晚，或约上三五好友小酌玩乐……

快到凌晨，大人们会起来煮早就包好的饺子，他们把时间控制得非常好，煮好饺子离零点就不远了。

这个时候就要开始准备放鞭炮了，这里的放鞭炮非常注重时辰，要和零点同步，谁放得最早最准时，预示着这户人家下一年的好运会更多。所以在这里人们早早就把鞭炮在院子里摆好，然后接近零点的时候专门派出一个人盯着电视屏幕看时间，到最后十秒的时候，看时间的人开始大声报数，当倒数第一秒的声音响起，鞭炮马上被点燃。一时间大家争先恐后，到处都是噼里啪啦的声音，好不欢快。

放完鞭炮，人们开始吃饺子，这饺子是肉饺子，里面也放有硬币，硬币的个数要比家里的人数多一个，谁吃到的最多，就预示着下一年这个人挣的钱是家里面最多的。不过孩子们也把包有硬币的饺子看作是好运，有的为了吃到硬币，会吃多出平时几倍的饺子，非常有意思。

"围炉守岁"是闽南乡村一种特别的守岁方式，这方式就如西湖的水——平静、秀丽、广阔、温馨。它有一个特别的寓意——为父母添寿。为你，千千万万遍，你给予我生命，我尽力延续，浓浓父母儿女情全都在这通宵达旦的守岁中了。

在那里，村民们早早地就将做好的隔年饭、长年菜、发糕等摆在厅堂中的案桌上，他们还将上面插上用红、黄两色纸扎的"春枝"，寓意长年丰足、吉祥发财。

摆好饭菜后，人们又将薯藤、柴枝堆垛于大门外进行点燃，待其烟绕火旺时，男士依辈分从火焰堆上一一跳过，他们边跳边念："跳入来，年年大发财；跳出去，无忧共无虑；跳过东，五谷吃不空；跳过西，钱银滚滚来。"他们将这项活动叫"过火群"，此项活动预示着：烧掉旧岁的邪气，消灾过运，迎来干干净净、大吉大利的新年。

之后，人们开始"添旺"，所谓添旺就是指，把跳火群未熄的余灰收集一些添于炭炉中，以此来表达人们对下一年更加兴旺的期待。

入夜，一切准备妥当，人们便开始"围炉守岁"了。这时候他们全家人坐在一起，围着炉子一边畅谈对下一年的展望一边小酌，气氛煞是温馨。此时，长辈们会给晚辈分压岁钱，这里叫做"分圆"。

香港素有"美食天堂"之称，所以这里的除夕守岁也充满了浓浓的香味儿。除夕夜里，他们每家每户都会将全家上上下下聚在一起，享受团年饭，画面格外美好。

"踩岁"是老北京的特色。子夜时分，伴随着噼里啪啦的鞭炮声，年就来了。

这时人们赶忙把自己提前买好的芝麻秸往院子里撒，撒好后，大家争先恐后地在上面踩，他们以此来传达"芝麻开花节节高"的美好愿望，希望来年更好。

这芝麻秸是带棱的，晒干后踩起来声音特别响亮，咯吱咯吱的，好像在说岁岁平安，长命百岁。

由于芝麻秆很脆，踩起来咔咔作响，一踩就碎，所以便得了个"踩岁"之名，不过随着经济的发展，芝麻秆已经很少见，也买不到了。现在我们的老北京人常常用花生皮、瓜子皮来代替，他们一边踩，

一边念着岁岁平安，也是蛮吉利的。

"扔愁帽"是湖北邯郸极为特别的除夕活动。每到除夕夜，这里的人们都会在夜深人静时将自己这一年里戴过的帽子、头巾悄悄地扔到街上去，到了第二天，人们再把它们清扫到墙旮旯里，这旧帽子和头巾还不能扔，要等到下月十五夜晚烤火时烧掉，据说这样做，可以扔掉一年的旧愁，迎来新喜。

关于这一习俗，当地还流传一说法，据说在战国时期，秦国派大将章邯去攻打赵国，赵国人民在邯郸城破后，纷纷摘商帽、扔士巾以便出逃。后来为了反抗秦国统治，又避免遭受杀身之祸，邯郸人便在除夕以辞旧迎新之名，扔掉秦国制定的士巾和商帽，以泄亡国之愤。

如今，生活在和平时代，对邯郸人民来说，扔愁帽早已成为他们除夕夜里的习俗，有趣而美好。

"打醋炭"是陕西除夕夜的习俗。在那里，除夕夜幕降临的时候，人们就会找来铁勺，然后再上面放上一块烧红了的煤炭，最后再浇上醋，走遍家里的每个角落，格外有意思。

与北方的除夕相比，南方就大有不同了，我们先从广西说起，在广西的马山、都安、上林、忻城等地的壮家流传了这样一句古谚——正月春堂闹轰轰，今年到处禾黍丰。这一谚语生动地描述了当地"打扁担"活动的热闹。

说起打扁担，这一活动要追溯到唐朝，那时刘询曾在《岭表录异》中有这样的记录："春堂者，以深木刻而槽，一槽两边，约排了柠，男女立以春稻梁，敲磕槽舷，皆有遍拍，槽声若鼓，闻于数里，虽思妇之巧弄秋砧，不能比其浏亮也。"不过现在当地人打扁担已经不用春竹和大木槽了，取而代之的是农家的扁担和木板。

除夕，当轻快悦耳的"登登打、登登打、登登打嘟打"声响起，你就知道新年马上就要到了，此时大家穿着花花绿绿异常美丽的衣服，随着声音自由舞动，迎接新年，期盼一切更"新"。

　　时光一去不复返，旧的一年终将成为一辈子的过去，新的一年即将到来，这么重要的时刻一定要亲眼去见证。除夕有留恋也有期盼，我想这千年来的习俗，留给我们的除了形式，应该还有着更为重要的精神寄托吧！

除夕不可不知的常识：

　　1. 据《吕氏春秋·冬季记》记载，古人在新年前一天用击鼓的方法来驱赶"疫病之鬼"，此为"除夕"节令的由来。

　　2. 除夕是我国传统节日，流传年代多，习俗也较多，有驱逐、守岁、踩岁、扔愁帽、打醋坛、打扁担、放鞭炮、年夜饭等。

　　3. 驱逐为古人除夕习俗，意在赶走不好的东西，内容较多，形式复杂，现在已不存在。而踩岁、扔愁帽、打醋坛、打扁担等习俗所保存的地方也不多。如今较为普遍的就是守岁、放鞭炮和年夜饭了。

　　参考文献：

　　1.（秦）吕不韦极其门客：《吕氏春秋》（是一部黄老道家名著）。

　　2.（明）高濂：《遵生八笺》（养生专著）。

　　3.（唐）刘恂：《岭表录异》（地理著作）。

第四章　拜年

　　古人云：拜年"以联年谊、以敦乡情"。一句问候，一声祝福，增进了彼此的感情，拉近了你我的心。近邻也好，亲朋也罢，跨了一步之遥，越过万水千山，拜年无距离之界。在匆匆而过的时光中，它就像那微风吹动下，水中泛起的涟漪，只轻轻一荡，便贴近了对方那柔波似的心胸。

　　"恭喜恭喜中国年……"伴着优美的歌声，我们的思绪像无法停留的风，在时光中飘荡、飘荡……

　　"正月之朔，是谓正旦，躬率妻孥，洁祀祖祢。及祀日，进酒降神毕，乃室家尊卑，无大无小，以次列于先祖之前。子妇曾孙，各上椒柏酒于家长，称觞举寿，欣欣如也。"东汉崔寔在《四民月令》中向我们描绘了一幅祥和、美好的民间家庭拜年图。

　　"正月一日年节，开封府放关扑三日。士庶自早互相庆贺……"北宋孟元老在《东京梦华录》第六卷中向人们展示了当时汴京为官者相互庆贺的情景。

　　"不求见面惟通谒，名纸朝来满敝庐。我亦随人投数纸，世情嫌简不嫌虚。"看到明朝诗人文征明的这首《贺年》，想必现在的我们大多会想起贺年卡。

　　犹记上学时，每逢元旦，同学们就开始买贺年卡，一包一包的，上面人物、风景应有尽有，煞是美观。我们精心挑选，一笔一画写上自己的祝福，送同学、朋友、老师，只觉心里美滋滋，却不曾想它原来这样有"分量"。

月光宝盒"嗖"的一声，时光回到一千年前。那会儿贺年片叫"名刺"亦"飞贴"，是宫廷、官府拜年的专属用品。明朝起，开始流传于民间。盛行之后，每到过年，人们都会在自己的家门上贴一个红纸袋，上面写着"接福"两个字，那袋子就是用来放别家的飞贴的。

"京师于岁首，例行团拜，以联年谊，以敦乡情"，在清人艺兰生《侧帽余谭》中，我们可以看到，当时已有拜年一说。过年之际，三五亲朋，一二好友，聚在一起，相互祝贺，也是别有一番欢喜在心头。

人成念，诗成酒，悠悠流转已千年。作为岁首朝贺的拜年已成那可以燎原的星星之火，一闪一闪，代代相传，越燃越旺，越传越欢，从人群到形式都越发广泛。

如今的年更像是《红楼梦》中的凤姐，"未见其人，先闻其声"，在一团花红柳绿的簇拥之下，她姗姗而来，祝福也随之而至。最先看到那电视里春晚的主持人，他们一身吉利，面带笑容，向观众作揖拜年。看到他们，许多人心里早已乐开了花，殊不知，这作揖拜年在古时也颇为讲究，比如手势、时间。

古时拜年，时间上最合适的在除夕零点以后；而动作上，则传承了我国自古以来"男左女右"的传统，作揖时要求男子右手成拳，左手包住，女子反之，只是不需要抱拳，只压手便可。如果手势做错，则意义相反，成了哀拜。

不过俗话说得好"有心拜年十五不晚"，随着历史的发展，现在人们拜年已经没有那么多的讲究，五湖四海，各有特色。

"讨利是"是属于香港和广东的特色，在那边"利是"就是大吉大利、好运连连的意思。在那里只要你还未婚，就可以带着笑脸，带着祝福去讨利是了。

在那里，新年刚过，一片喜气洋洋里，到处可以听到祝福声和讨

利是的嬉笑声，长辈给来拜年的孩子派"利是"，去酒楼吃饭的客人给服务员派"利是"，已婚的人给未婚的朋友派"利是"，公司领导给下属派"利是"……真是好不喜气。

"利是"寓意吉祥如意，是个好彩头，讨者讨一份喜气，送者送一份祝福，所以里面钱的多少并不重要，或是一块两块五块十块，也或者是彩票、一张贺卡，甚至还会是一颗甜甜蜜蜜的糖。不过不管是什么，大家都会特别开心。

送橘子是属于广东潮汕、海丰等地区拜年的特色。当地的人们，在出门拜年前都会带上一大袋橘子，然后每走一户亲戚，就要送一些橘子。橘子的个数不定，但一定要是双数，然后再说一些吉祥的话表示祝福。

谚语"初一早，初二早，初三睡到饱"基本上描绘了厦门的拜年特色，意思是初一初二要早起，以迎接前来拜年的客人，而初三是绝对不会有人来登门拜年的，可以晚起。

在厦门，初三为丧家祭奠的日子，关于这个日子有这样一个说法。

相传，在明朝嘉靖年间，倭寇占领了厦门外岛浯屿。到了除夕夜晚，官兵忙于过年而疏于守备，大股倭寇趁机攻城，军民奋起抵抗敌人，激战两日三夜。最后倭寇虽败退，但城内军民伤亡极重。于是到了初三，百姓开始各自收埋亲友，吊丧亡灵。从此厦门人便把此日作为忌日，一直到现在。

福州人有"触霉头"这一说，所以正月初一不拜年，初一早上起来，他们放完鞭炮后，小孩会在街上玩，大人则去左邻右舍喝酒。

河南的拜年在日子上没有那么多忌讳，一般初一不出远门，邻里之间互相问候，远处的朋友则通过电话问候。

到了初二，大多是到岳母那里去拜年的，去岳母那里，则少不了

不可不知的中华节日常识（青少年版）

礼物，这礼物颇为讲究，不能是对身体有害的烟酒，最好选择其喜欢的保健食品。

这一天，如果是刚结婚的夫妇，女方便要在带着男方去娘家拜年认亲戚，一家家地拜访，如果女方亲戚多，则要拜好几天。认亲的拜访也要带礼物，不过这个礼物相对来说较为随意，不用太贵重，随心就好。在认亲的时候，女方的亲戚也会随心给男方发红包，表示自己的心意和祝福。

荔枝和桂圆是属于浙江宁波的拜年特色。在宁波象山县，结婚第一年的姑娘要带着男方去拜年，拜年礼品颇为讲究，荔枝和桂圆是必须要准备的，这是他们最重要的礼品。

"拜年无大小"是湖北孝感一带的人们都熟悉的一句话，在那里拜年时不问亲疏的。大年初一，他们拜完天地、家神、尊长，就开始出门拜年。而被拜访的家庭遇到拜年的人必定会再三挽留，以糍粑相待，尽显他们的热情。

秧歌拜年是属于陕北的风情，喜气洋洋的春节期间，他们每个村都会组织喜庆的秧歌队伍，挨家挨户地给人们拜年。

陕北人给这有趣的拜年方式起了一个有趣的名字——沿门子。沿门子讲究先后顺序，每年他们首先要做的是谒庙、敬神，并通过这种方式祈祷一年风调雨顺五谷丰登。

祈祷完毕，秧歌队才开始到每一户去拜年。那画面非常热闹，当地有一首诗描绘得特别好，"进了大门抬头看，六孔石窑齐展展，五谷丰登人兴旺，一年四季保平安。"这特别的秧歌，美好的祝福实在是精彩。

除了秧歌拜年，陕西富平县的人们在初二那天，各个亲友之间会互相赠送面食和猪肉，当地人称"拜节"，也是挺有意思的。

说到"有意思"这三个字，我们的少数民族也不甘落后，如居住

在贵州省黔东南苗族侗族自治州榕江县两汪乡的苗族同胞们和龙岩的客家人。前者的对歌、喝酒"打花脸"，后者的舞狮、船灯、龙灯、鼓吹、闹锣鼓和民间艺人的"打新年鼓"等表演，都是极为有趣和热闹的。

拜年与过年同在，过年与春晚同在，现在对于我们大多数年轻人来说，在除夕夜一边看着春晚一边看着好友发来的信息，那是一种习惯和享受；对于长辈来说，全家团圆，一起吃一吃年夜饭，再听晚辈们说一声新年好，那是一种幸福和体验；对于邻里来说，一张笑脸，一句过年好，那是一种亲切的问候。

古人云：拜年"以联年谊、以敦乡情"。一句问候，一声祝福，增进了彼此的感情，拉近了你我的心。近邻也好，亲朋也罢，跨了一步之遥，越过万水千山，拜年无距离之界。在匆匆而过的时光中，它就像那微风吹动下，水中泛起的涟漪，只轻轻一荡，便贴近了对方那柔波似的心胸。

拜年不可不知的常识：

1. 拜年是中华民族的传统习俗，至今已有上千年的历史，并非近期才有。

2. 古时拜年与现在拜年有很多不同之处，古时拜年的时间、话语、手势等都颇为讲究。现在则颇为随意，一般初一拜本家、初二拜岳家、初三拜亲戚。

3. 贺年片至今已经有一千多年的历史。古时它叫做"名刺"，宋代时宫廷、官府中较盛，被称为"飞帖"。到了明代，开始广泛流行于民间。那时的"贺年片"与现在不同，装饰造型较简单，多用梅花笺纸裁切而成，长3寸，上端书写受片人姓名，下端签署祝贺者姓名，中间写祝词。

参考文献：

1.（东汉）崔寔：《四月民令》。

2.（宋）孟元老：《东京梦华录》（笔记体散记文）。

3.（清）艺兰生：《侧帽余谭》。

第五章 禁忌

春节是盛开在我国的千年不败之花，节中禁忌是培育它的那方文化土壤。这壤，多不得、少不得、干不得、涝不得，它必须刚刚好，犹如暖阳中的一抹祝福，深深镌刻在人们心底，方才护得住我们的文化之花永不凋，永不谢……

很多事情，时间过长，便说不清楚了，如春节。关于它的历史渊源，就像那一江春水，时大时小，时静时涌，腊祭、巫术、鬼节、舜即天子位、祭拜天地等说法不一，时间不一，叫法亦不一。

从夏朝的正月，到商朝的腊月，到秦始皇的十月，再到汉武帝回归正月。从先秦的"上日""元日""改岁""献岁"，到两汉的"三朝""岁旦""正旦""正日"，到魏晋南北朝的"元辰""元日""元首""岁朝"，到唐宋元明的"元旦""元""岁日""新正""新元"，到清的"元旦""元日"，再到今天的春节，这文化之花可真是饱经风霜，尝遍了人世间的"酸甜苦辣咸"。

花开不败，土壤功不可没。沧海桑田，它至死不渝，上千年的陪伴与守护，这份情早已深入骨髓，渗透血肉，融入世间最普通的衣食住行……

不讨债、不借钱、不扫尘、不清理垃圾、什么吉利什么言，这些可以说是每个地方过春节时都有的忌讳，现在这些忌讳大多会随着"破五"也就是正月初五的到来而结束。不过若是再具体一些，各地说法仍然不一。

闽南有"正月不讨债"之俗，而中原地区则是贴了对联之后，债主不能上门讨债，过了正月十五禁忌才算结束。

不借钱这个说法在北京有句有趣的俗语，说是"初一借了别人的钱，一年四季靠外援；初一借给别人钱，财产外流整一年"。钱不长腿，这节日里的禁忌仅为一种习俗。

不扫地、不清理垃圾的习俗在我国春节也普遍存在着，只是时间不一。

福建的福州正月初一到初四均不可清理垃圾，厦门则是正月初一不能清理垃圾，建宁是正月初一、初二不倒垃圾，到了正月初三傍晚还要"送穷"，所谓送穷就是指人们将垃圾投入水中或按历书所示方向倒掉，倒完之后，一定要拾回几个鹅卵石，放在厅堂土地祠下，谓之"捡元宝"。

东北和山西也有不扫地之说，东北是正月初一、初二不能扫地，否则就会把好运带走，山西则是正月初一到初四都不能扫地，过了正月初五才可以，北京除了不扫地，正月初一那天还不能倒污水，不然福气会溜走。

客家人正月初一不仅不能扫地，还不能打扫家里的卫生，如果有人不小心扫了地，那垃圾一定要等过了初一才能倒到门外，否则就会不吉利。

春节是一个特吉利的节日，那么不吉利的话自然就不能言了。在福建漳州如果有哪个无知的小孩子说了不吉利的话，大人就要赶忙用草纸拭嘴。在济南如果水饺下破了，不能说"破"字，要说"挣开了"。

春节期间，在很多地方打坏东西也是被视作不吉利的，那么这个时候如果有人不小心打碎了该怎么办呢？下面我们来一起看一看各地的对策。

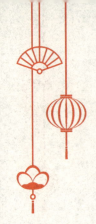

北京人认为打碎家具，一年四季不吉利。若是有人不小心打碎，那就赶忙快说上一句"岁来好（即碎了好），岁岁平安"，也就化凶为吉了。

闽南人认为器皿、碗碟被打坏，一年的福气便会被破坏，如不慎打破，要将碎片收集起来放进石臼或水井，口中念"岁岁平安"，借"碎"与"岁"谐音来化凶为吉，保持祥和欢乐的气象。

春节里，操刀切物，动针缝补，在一些地方也是被禁止的。如福建泉州春节操刀切物就是犯了戒杀，他们所有需要刀切的食物，除夕时便全部准备周全。

不过在春节这个特殊的节日里，熄灯也是一种禁忌。如福建泉州，那里的除夕、正月初一、正月初五、正月十五夜里都是灯火通明，有光辉永驻之意。

在东北，每年大年三十都要点长寿灯，正月十五之前每家每户更要挂上红灯笼，灯笼在晚上必须是亮着的，有延年益寿、香火不断之意。所以那里的春节真是处处是光明。

回娘家是已婚女性在春节里必做的一件事，不过它在时间上也是有说法的。像北京、济南等地，在正月初一是不能回娘家的，若是回了，会把娘家吃穷，所以她们都是过了正月初一才回去的。

既"行"得"端"，那也要"吃"得"好"、"穿"得"美"、"住"得"舒"，了解了行为上的该与不该，我们再来看看各地吃穿住的"该"与"不该"吧。

福州正月初一到初四都不能吃稀饭，正月初一这一天还不能煮饭，三餐要么是年糕，要么是热大年三十晚上做好的饭菜，取"年年有余"之意。

福建泉州和漳州初一除了不能吃稀饭，还不能饮茶水，否则以后外出会"半途遇雨"。客家人正月初一早上要吃斋，连豆腐也不能碰，他们用这种饮食方法来表示对心中信仰的敬畏。

不可不知的中华节日常识（青少年版）

北京人在过年期间早上禁忌吃稀饭，据说在过去只有穷人家才吃稀饭，现在人们已经摆脱贫穷，所以在正月初一的上午一定要吃干饭，表示家里整年度都会很富有。

在穿衣上，正月初一这天大多要穿新衣服，福建泉州更是禁穿旧衣服，曰"去旧迎新"，漳州有不穿白色、青色衣服等禁忌。

孔雀之乡——云南，就犹如一只刚刚出生的小孔雀，它披着美丽的外衣，一步一顿，缓缓地进入人们的视线，人们被吸引、被折服，心甘情愿给它一个温暖的家，尽管在这里"家"也是有禁忌的。

云南春节的禁忌大多集中在房屋上。在那里，春节期间不宜钻墙、动土、大兴土木、对室内进行大动大拆的装修，说是这样可以避免位置流动而遇凶煞致不吉。如果要家装，一定要在节前一个星期把房子整理好。

不可随意加玄关是云南春节的又一禁忌。在年底大扫除中，很多人喜欢在某些地方加一些东西，比如有些人喜欢在门口加玄关，可如果位置处理不当，那些玄关将会对新一年的运气带来很多的阻滞和破坏。

在云南，春节的厨房也是不宜悬挂镜子和蒜头、洋葱、辣椒等东西的。若厨房挂镜子，会使住宅遭受火灾或不幸。而蒜头、洋葱、辣椒等东西则容易吸收阴气也不能挂。

春节作为中华民族的传统节日之一，节日禁忌是组成它文化的重要部分。它源远流长，不是三言两语可以说得清。它们是禁忌，也是习俗，更是文化。这些禁忌知晓便可，不必过分讲求与笃信。

如果说春节是盛开在我国的千年不败之花，那节中禁忌是培育它的那方文化土壤。这壤，多不得、少不得、干不得、涝不得，它必须刚刚好，犹如暖阳中的一抹祝福，深深镌刻在人们心底，方才护得住我们的文化之花永不凋，永不谢……

春节禁忌不可不知的常识：

1. 春节与清明节、端午节、中秋节并称为中国四大传统节日，期间禁忌多之又多，复杂难言，上述只是沧海一粟，并非全部。

2. 关于春节的来源，说法很多，受众最广的是舜即天子位，祭拜天地。

3. 春节的时间，从古到今经历很多变化，文中所提到夏朝和汉武帝时期的正月，在当时并不叫正月而叫孟春。

第二篇
元宵节

福，万人所祈，万人所盼。星光下，牵着你的手，慢慢变老是两个人的幸福；用餐时，面带笑容，围着桌子，全家人一起吃饭、聊家常，那是一家人的幸福；元宵佳节，你品汤圆，我吃饺子，吃枣糕，那是全国人民的幸福。正月十五，让我们一起畅游在传统文化的殿堂，其乐融融。

第一章　万家灯火明

佛曰：一花一世界，一叶一菩提。简单的十个字，却包含无限智慧。而我们的元宵节与佛渊源颇深，自然也同样饱含智慧。万家灯火明，一光一善念，一灯一人心。"一念慈悲，不起分别"，元宵节，让我们带着祝福与善念，一起走向光明的彼岸。

万家灯火明，花好月又圆。

送走了春节这枝开在华夏民族的文化之花，我们迎来了第一个月圆夜——正月十五即元宵节。

印象中第一总是和别的不怎么一样，感谢中华文字的博大精深，赐予千万种第一各自的别致，让这作为开年第一个月圆夜的元宵节也沾了光，也多了几个好听的名字：元夕、元夜、上元节。

夜夜笙歌，总是离不开灯火。元宵节恰恰就生在月圆夜，所以它从诞生起就自然注定与灯火不可分割，故又被人们称为灯节。

灯能照人，亦能净心。东汉时期，一朵开在印度的莲花——佛教，跨千山，涉万水，来到我国，深受汉明帝的喜爱。永平年间，从印度求得佛法的蔡愔带着"莲花种子"缓缓归来。他称正月十五是参佛的良辰吉日，届时印度摩喝陀国众僧云集，瞻仰佛舍利。

花之盛，在种子。汉明帝深谙其中的道理，他像呵护自己的皇子皇孙一般呵护着那来之不易的"莲花种子"，生怕其受一点冷落。下令正月十五夜里，在宫中和寺院"燃灯表佛"。从此，正月十五燃灯习俗扩展开来，放灯、观灯、送灯、耍龙灯、桂花灯、菊花灯，还有

灯会、荷花灯……它们如欢腾的海浪一般纷纷涌来，接踵而至，元宵节与灯融为一体。

把"今夜万家灯火明"这句话放在唐朝的元宵节，真是再合适不过了。"开元盛世"胜的不仅是"世"还有上元节。

唐代放灯盛况空前，已发展为灯市。上元节，漫步在长安街，只见各式各样的灯一闪一闪，数之多如璀璨群星，光之亮如皎洁明月。那是节日，更是一场豪华的视觉盛宴，为全民提供了欢庆的大舞台。

"长江后浪推前浪，一代更比一代强"看到唐朝灯会这般繁华，宋代自是不甘落后，从规模到样式再到时间，都可谓有过之而无不及。

可叹的是盛极必衰这四个字真是亘古不变的真理，连上元节也是如此。随着满族人入主中原，清代的上元节已经今非昔比，宫廷之灯被灭，时间也由明代的十天缩短到了五天。

好在时间虽短，"果肉"还在，灯不常亮，光却永存，照亮万物，照亮心田……今日我们看到的元宵节，亦是五彩缤纷。

龙——中华民族的图腾，灯——元宵佳节之魂，这两个威力无比的字组合在一起，必然是不同凡响的。

耍龙灯又叫舞龙或龙舞，其诞生之早，无可追溯。如今翻阅泛黄的史书，走进历史的隧道。初遇，是在汉代，那是张衡的《西京赋》，那时它藏身于百戏中，那样清晰，又那样模糊，仿佛雨过天晴那美极了的云彩。

再相见，是隋朝，《隋书·音乐志》中有它，那时它是那般可望而不可即的，仿若驾驶在七彩祥云之上的仙女。

又相逢，是清朝，李时珍的《本草纲目》中，它已栩栩如生，其曰："龙者鳞虫长。王符言其形有九似：头似驼，角似鹿，眼似兔，耳似牛，项似蛇，腹似蜃，鳞似鲤，爪似鹰，掌似虎，是也。"

到了宋代，再相会，已不陌生。看着吴自牧《梦粱录》中有关元宵之夜的记载："以草缚成龙，用青幕遮草上，密置灯烛万盏，望之蜿蜒，如双龙飞走之状。"你定会觉得它是那样亲切，又那样顽皮，如同魔术师手里的道具，仿若在眼前又仿佛在天边。

后来，它已经成了我们心中那个不常联系却心有灵犀的朋友。它的面貌并不唯一。不过，无论它是以龙灯或是布龙的面貌出现，我们也只需一眼，便知是旧相识。

龙灯也叫"火龙"，曾经它是最为流行的一种舞龙。其龙首、龙身、龙尾由篾竹扎成，上面糊上纸，再添上色彩，霸气又不乏美观，犹如顶天立地的男子汉。龙身有许多节，却必须是单数，节上或点上蜡烛或用油桐油棉纱，灯草做成的燃烧力持久的"油捻"。

当手持木柄的供舞者在龙前举红绸珠之人的指挥下舞动时，霎时五光十色，整个龙都会惊艳起来。

布龙又名"彩龙"，它虽然没有烛光的点缀，也不占夜晚的黄金时段，可是这表演却一点儿也不含糊，决不让观者失望。日光下，一条条巨龙盘旋欢腾，时偶飞舞时偶跳跃，让人目不暇接。

广东阳江有《鲤鱼化龙》，顾名思义那便是鱼龙一体了。那时伴着明快的乐曲，只见那些身着可开可合鲤鱼皮的舞龙手巧妙一变，一条条嬉水之鱼映入眼帘。突然，乐曲一变，鱼则成龙，又一鱼喷火而跃，翻过龙身，有"鲤鱼跳龙门"之意，那场面真是堪比魔术表演。

在福建，舞龙灯可是灯节中最受欢迎的节目了，那龙灯有头有尾，分外地长，舞者众多，配合却极为默契，舞动起来，活像一条画中走出来的巨龙，让观者赞不绝口。

元宵节送灯又称"送花灯"，这送却不能随意地送。要么是娘家送给新嫁之女，要么是亲友送不育之家，有添丁之意，只是各地时间不一。

拿陕西西安来说，大多在正月初八到十五，若是头年嫁女，则又

是一种送法，一对大宫灯与一对有彩色画的玻璃灯，有"吉星高照，早生麟子"之意，若女儿有孕在身，除了大宫灯还要外加一两对小灯笼，有"孕期平安"之意。

同样有"添丁"寓意的送灯习在旧福建也存在着，只是那里的送的灯样式颇多，没有过多的讲究。

河南西部和江西的"送灯"则另有一番寓意。他们的灯都送给已逝之人。每年元宵之夜，前者用竹篾和纸扎上灯笼，内置蜡烛，送往祖宗坟前，后者则是扫墓插竹为灯。逝者已去，不管灯如何，只希望他们如同那灯照之光，永世长存，存于后世心中。

素有"礼仪之邦"之称的山东，其元宵节也玩龙灯，曲阜附近更是村村皆玩，而且每个村都挑选佼佼者在曲阜表演。届时，孔府二门里大堂前热闹非凡，龙灯起，焰火燃，这般景象对于当时一年只有这一次机会入内观看的人们真是极大的福利！

挂花灯已成了山西人民欢度元宵节的必要习俗。正月十四，元宵节的前夕，家家户户都欢欢喜喜挂起了自家的花灯。晚上，灯火不灭，直至正月十六，分外美观，分外光明。

放河灯是山东省淄博市淄博区临水人家元宵节有趣的活动。想象一下：正月十五，皓月当空，一盏盏河灯从自己的手中走进潺潺流动的水中，飘荡、摇晃……那画面该是怎样的美好！

照灯是山东省元宵节的习俗，在滨州市博兴县中，每逢元宵节，便有男孩子提着灯，一边念"嘟佬嘟佬，开花结枣"一边绕着转圈，有言绕六圈念六遍枣树便能丰收。

泉州元宵节里的花灯特色十足，种类颇多，有香灯、纸折莲花灯、丝料宫灯、八结灯……这面貌，倒是与"花"字极为相称。

佛曰：一花一世界，一叶一菩提。简单的十个字，却包含无限智慧。而我们的元宵节与佛渊源颇深，自然也同样饱含智慧。万家灯火明，一光一善念，一灯一人心。"一念慈悲，不起分别"，元宵节，让我们带着祝福与善念，一起走向光明的彼岸。

元宵节之"魂"——灯不可不知的常识：

1. 正月十五这一天虽然较早就受到重视，但是元宵节真正作为民俗节日被人们庆贺，是在汉魏之后，佛教文化的传入，对节日形成起了极大的推动作用。

2. 耍龙灯除了文中提到的"火龙"，也有"布龙"，只是它表演的时间在白天，并不燃蜡烛，与灯无关，以气势为主。

3. 文中所提到的送灯、耍龙灯、照灯等诸多习俗，如今保存的地方很少。送灯习俗多保留于农家，耍龙灯在海外的华人社团中偶有出现。

参考文献：

1.（东汉）张衡：《西京赋》。

2.（唐）魏征：《隋书·音乐志》。

3.（明）李时珍：《本草纲目》。

第二章　天涯共此时

天涯海角，大江南北，正月十五，我们与狮共舞。此刻，我们翻过巍峨的高山，越过奔腾的江河，走过温婉的小桥，蹚过涓涓的流水……一起欢度元宵节，南北一家人，天涯共此时。

此刻，烛光摇曳。

此刻，灯光璀璨。

此刻，你与我，我与他，他与她，我们穿越千万里，一起品味元宵佳节，一起荡漾在舞龙、舞狮、击鼓、杂耍、踩高跷、划旱船、迎紫姑、猜灯谜的欢乐中，不能自拔。

比起"与狼共舞"，"与狮共舞"这个词显然有情调得多。作为我国优秀的民间艺术之一，舞狮子真是给元宵节"长"了不少脸，绝对配得上"锦上添花"这四个字。

舞狮子，起源于三国，流行于南北朝，唐代时得以兴盛，成为宫廷、军旅、民间流行的活动，既受大众青睐，又得文人垂青。

品大诗人白居易《西凉伎》中的"西凉伎，假面胡人假狮子。刻木为头丝作尾，金镀眼睛银贴齿。奋迅毛衣摆双耳，如从流沙来万里。"嚼段安节《乐府杂录》中的"戏有五常狮子，高丈余，各衣五色。每一狮子，有十二人，戴红抹额，衣画衣，执红拂子，谓之狮子郎。舞太平乐曲、破阵乐曲，亦属此部。"我们尝到了舞狮之味，它如那夏日荷叶上的第一滴晨露，清爽甘甜，又如那娇艳欲滴的玫瑰，艳丽可人。

千年的雨雪暖阳过后，舞狮蜕变了，定格了，它变得"文""武"

双全，形成了以"武狮"为主的北派和以"文狮"为主的南派狮舞。

"武狮"（即魏武帝钦定的北魏"瑞狮"），"武"艺非凡，有大小之分。小狮一人独舞，大狮需要两人配合，一人顶着狮子头，另一人则要兼顾狮子腰部和狮子尾巴。当他们全副武装穿上绿色的狮子裤和金色的爪蹄靴时，整个人就和狮子融为一体了。

然而，就在观者为这装扮叹服叫绝之际，只见手握可旋转式绣球，一身古代武士打扮的引狮人一番手舞足蹈，锣鼓声配合而响起，狮子在舞狮人的操纵下腾空而起，或跳跃，或登高，或朝拜祝贺，更有走梅花桩、爬楼、窜桌子、踩滚球等堪比杂技的高难度动作，那场面，真是好一个"绝"字了得，让人不惊不叹都不行。

北"武"南"文"，文武双全，方可国泰民安。"武"狮者犹如杂技师给了我们"险"中的惊艳。"文"狮者呢？他则犹如那戏曲中的书生，下面穿着灯笼裤，上身披一块彩色狮被，向我们款款走来。它以广东为大本营，向南扩散至东南亚侨乡，颇为盛行。

文人需要导师，"文狮"也同样需要引狮人，他与生俱来便自带文人特色，手执蒲扇，身着长袍，腰束彩带，头戴大头佛面具，一点也不张狂。

当蒲扇摆动，"文狮"便跳起了舞，他是合格的舞者，表情丰富，感情细腻，或风趣让人开怀大笑，或优美让人如临仙境……那一切都是那样恰到好处，讨人欢心。

情在狮子，缘起元宵，如今元宵节的舞狮更加绚丽多姿。它是一种乐趣，更是文化，是传承，我们爱它，爱到心眼儿里。

虽然起源于春秋战国时期的灯谜是舞狮的"姐姐"，可是元宵节里的猜灯谜却不得不唤对方一声"姐姐"，它踏着舞狮的步伐而来，是节日后增加的一项活动，最早出现在宋朝。

换个角度可以看到不一样的风景，换个方式也能体会到不一样的

乐趣，也许是谜语这种文艺式的文字游戏，当时的人玩得倦了、腻了，所以才会有人将它写到纸上，悬在灯上，去寻找玩中的花样。

这花样却也不辜负"发明者"，一出世就备受人们的宠爱，在《武林旧事·灯品》中，我们看到了"又有以绢灯剪写诗词，时寓讥笑，及画人物，藏头隐语，及旧京诨语，戏弄行人"的记载，这记载告诉我们，当时的人玩得多么不亦乐乎，欢声笑语到处都是。

现在猜灯谜多伴有小礼品，更吸引了人们的眼球，参与者越来越广泛。想来，这集智慧与乐趣为一体的游戏，必将会成为一条永不干枯的河，永远流淌在我们华夏民族的河床之上。

"宋有兰子者，以技干宋元。宋元召而使见。其技以双枝，长倍其身，属其胫，并趋并驰，弄七剑迭而跃之，五剑常在空中。元君大惊，立赐金帛。"《列子·说符》中的这段描述，提到了脚踩木棒行走、舞剑等情节。

出现在春秋战国时期的踩高跷是一种技艺性表演，属百戏中的一种，有南北之分。北方的表演犹如那绵延起伏的山脉，扮相也滑稽，常见的有：媒婆、傻公子、和尚、道姑等，给观者的是无尽的趣味。南方则是小桥流水式的婉约，常见的扮相多是戏曲人物，如：关公、吕洞宾、张生、济公等，他们演唱结合，给观者的是视觉和听觉上的双重享受。

现在，仍以木质为主的高跷变得时髦起来，不仅有单、双之分，还有文、武之分。双跷以腿为"主心骨"，单跷以手为主心骨，表演时，前者绑在腿上，后者则是手持木跷顶端，内容多样，方式灵活。武跷重绝招，"武"的是个技巧，文跷重扮相，演的是个乐趣，各有特色。

见过很多船，却没有一种有它的韵味，它行走于陆地，四周红绸、彩灯等围着打转，它就是我国民间表演艺术之一——划旱船，在陕西、山西、河南、河北等中原地区广为流行。

历史悠久的划旱船并不是元宵节独有的产物，在北宋的《太平广记》中，我们已经可以看到它的痕迹，在宋朝田况的《儒林公议》中，我们已经可以清晰地看到它被改造成为宫廷舞蹈，出现在各大盛典中。

时间这条路，走得多了，自然就有收获。划旱船也是如此，这么多年，时光赐予它的最丰厚的礼品就是那谁也比不上的风韵了。

河南人将唱歌与划旱船相结合，表演者站在旱船内，双手撑着船缘，双脚移着小碎步，活脱脱一副水中行船的画面。随着船慢慢飘荡，歌声响起，歌唱内容多为对祖国和新生活的赞颂。

相对河南，划旱船在陕西、陕西等地方就要复杂得多，它们那里的表演可不止一人，分坐船者、艄公和小丑。坐船人从一个到六七个不等，艄公带路，装扮滑稽的小丑左手拿桨，十分搞笑。那乐器也是极多，大锣、小锣、鼓……热闹不已。

在元宵节中，还有一个关于紫姑的传说。传说：紫姑只是一个贫穷、善良的普通女孩，后因贫穷死于正月十五，深受人们的同情，当时人们为了表示怀念，便有了"正月十五迎紫姑"的习俗。到了当天晚上，人们用稻草等道具扎成和她模样一般的稻草人，并站到紫姑经常干活的厕所等地方迎接她、安慰她、陪伴她……

这便是我国古代元宵节的习俗之———迎紫姑，紫姑又叫戚（七）姑、厕姑、坑三姑。正月十五，为迎紫姑，众多女子在夜间占卜蚕桑等事宜，可见当时对这一习俗的重视。虽然传说无证可考，无史可查，但迎紫姑能被作为元宵节习俗之一并广为流传，也反映了当时人们的真诚与善良。

河北省的元宵节习俗中，拉禄磙可以说是石缝中开出的花儿，它源于根，起于根，与人们的劳动生活息息相关。

拉禄磙这个名字证实了"人不可貌相，海水不可斗量"这句话，单单从名字看，它怎么也不像一种和劳动生活有关的舞蹈。然而它偏偏是舞蹈，而且还源于生活，表现生活。它的伴奏乐是打击乐，有大锣、大鼓、水镲、铙等。

天涯海角，大江南北，正月十五，我们与狮共舞。此刻，我们翻过巍峨的高山，越过奔腾的江河，走过温婉的小桥，蹚过涓涓的流水……一起欢度元宵节，南北一家人，天涯共此时。

元宵节之舞狮、迎紫姑等习俗不可不知的常识：

1. 舞狮子中的南狮流派比较多，外形和性格上都各有特色。外形方面：英德有"鸡公狮"，佛山有"大头狮"，中山有"鸭嘴狮"，东莞还有"麒麟狮"……性格方面：白须的狮子沉着刚健，黑须的狮子英勇无比，灰白须的狮子粗犷好战。

2. 踩高跷早在春秋战国时期已经出现，是民间盛行的一种技艺表演，属于古代百戏的一种，并非元宵节独有的习俗。

3. 古时候的迎紫姑的习俗，多由女性进行，男性一般不参与。这一习俗在现今的正月十五已经消失。

4. 文中所述的很多活动，如踩高跷、划旱船、舞狮子等并不单单出现在元宵节，只是大多数地方在元宵节比较兴盛。而当今划旱船这一习俗仍保留的地方少之又少，只有一部分农村地区尚且留存。

第三章　幸福乐融融

　　福，万人所祈，万人所盼。星光下，牵着你的手，慢慢变老是两个人的幸福；用餐时，面带笑容，围着桌子，全家人一起吃饭、聊家常，那是一家人的幸福；元宵佳节，你品汤圆，我吃饺子，吃枣糕，那是全国人民的幸福。正月十五，让我们一起畅游在传统文化的殿堂，其乐融融。

　　正月十五，月圆人也圆。

　　一家人，一颗心，坐在一起，闲话家常，共品元宵，这么幸福而又欢乐的画面，不知有多少人想让时间停驻，一切从此定格在这一刻。

　　元宵，想来应当是饮食界最圆满的名字了，不过古往今来所有圆满都要经历沉淀，它也不例外。作为元宵节节令食品的元宵，原本是一种圆形的薄饼，名字叫"餶（duī）子"。

　　这"餶"之于我们并不陌生，《玉篇》有"呼蒸饼为餶"，《北齐书·陆法和传》有"于是设供食，具大餶薄饼"。由此可见，早在南北朝它就以最原始的圆形薄饼的面貌与我们见面了。

　　后来，跟着时光的步伐，"餶子"慢慢长大，改变了它稚嫩的面庞，长成了类似油炸糕的大圆饼，随着模样的改变，紧接着它的地位也变了，它成了宫廷的宠儿，唐代卢言在《卢氏杂说》中有相关描述。

　　到了宋代"餶子"成了元宵节的专属食品。陶谷的《清异录》中，直接唤其名曰"上元油餶"，这时它不仅身份变了，连名字了多了起来，因外形好看，味道绝佳，得了"油画明珠"的称谓，宋孟元老在

《东京梦华录》里又唤它"圆子馉"和"焦馉"。

其《东京梦华录·十六日》有描绘买卖的叙述:"市人卖玉梅、夜蛾、蜂儿、雪柳、菩提叶、科头圆子、拍头焦馉。唯焦馉以竹架子出青伞上,装缀梅红镂金小灯笼子,架子前后亦设灯笼,敲鼓应拍,团团转走,谓之'打旋罗',街巷处处有之。"这敲锣打鼓的,买卖做得可是和现在一样上档次了。

再后来,周密的《武林旧事》又有了专门描写元宵节的食品的记叙:"节食所尚,则乳糖圆子、科斗粉、豉汤、水晶脍、韭饼,及南北珍果,并皂儿糕、宜利少、澄沙团子、滴酥鲍螺、酪面、玉消膏、琥珀饧、轻饧、生熟灌藕、诸色花缠、诸色龙缠宋刻"珑"、蜜煎、蜜果、宋刻"裹"、糖瓜蒌、煎七宝姜豉、十般糖之类,皆用镂装花盆架车儿,簇插飞蛾红灯彩益,歌叫喧阗。"描绘中,各种各样的节令食品被放在市场上销售,那画面看起来倒是和现在颇为相似。

而那"乳糖圆子"即"油馉",虽然那时亲眼见过它的人都已故去,但是从很多地方的记载和描述看来,那定和现在的元宵大同小异,圆圆的形状犹如正月十五夜空的月亮,月圆人亦圆,全家团圆是世界上最美好的事了,怪不得在众多美食中,它会成为元宵节的节令食品。

"今夕是何夕,团圆事事同。汤官巡旧味,灶婢诧新功。星灿乌云里,珠浮浊水中。岁时编杂咏,附此说家风。"诗人周必大的一首《元宵夜煮浮元子》将那月圆、人圆、食也圆的幸福画面描绘得淋漓尽致,一颗颗圆子漂在水中,如同人见人爱的珍珠,那不正是我们现在吃的汤圆吗?

汤圆这个名字与元宵一样,出现在清代,清有文学家李调元就作了名为《元宵》的词,"元宵争看采莲船,宝马香车拾坠钿。风雨夜深人散尽,孤灯犹唤卖汤圆。"看来这名字一定是极好的,才会一直沿用到今天。

如今,汤圆已经走进了千家万户,成了每个家庭元宵节必不可少的食品，人们像爱珍宝一样爱着它，除了那鲜美的味道，想必更重要的还是那吉祥的寓意吧！

汤圆，汤甜人圆；元宵，圆圆满满，共度今宵，愿天下之家皆能圆圆满满。

喝元宵酒，吃元宵羹，是江西元宵节的重头戏。在那里，这项活动可是放在元宵节的最后进行，那时祠堂摆满了桌椅，人们将自己储存年份已久的自酿米酒拿出来，给大家品尝，此外，每桌还有香喷喷的元宵羹。满满的香味，满满的人，既热闹，又喜庆。

除了元宵，湖南常德有"时汤"，元宵节里，那里各家都以椒为汤，汤中还加了我们常吃的韭菜等，用来款待客人，滋味独特。

元宵节时，陕西还吃元宵茶。这茶可不是我们平时所喝的茶，它有点像以前的"元宵粥"，是将各式各样的菜和水果放进热汤面中稍煮，既营养又不油腻，味道真"爽"。

"好吃不过饺子"的俗语，放在今天的河南可真是应景了。这不，春节的饺子味还未散去，元宵节的饺子味又来了，那有"十五扁，十六圆"的元宵节传统，所以正月十五要吃顿饺子。

现在的人越来越讲究养生了，吃的东西颇为讲究。枣糕不仅能美容养颜抗衰老，还含有维生素、蛋白质等多种营养，从御用糕点走向大众，现在又成为豫西一带人们元宵节喜欢的吃食，也算是不辜负美名了。

甜枣、桂圆、番薯粉、藕粉、莲子……这些食物随便拎出来一种就有很多人眼馋了，真不敢想象由它们组合而成的"糟羹"该是多么鲜美。

浙江台州一带人真是有口福，元宵节观完灯后，他们就开始品这"糟羹"了。它有甜、咸之分，元宵节时喝甜的；元宵节前一天则喝咸的，它由肉丝、香菇等炒熟，再加少量米粉煮成糊状，便可食用。单

从这吃食上来看，那里的人可真不虚度元宵佳节。

馒头、麦饼在北方可是天天见，不过到了浙江浦江，它们也是一种元宵节习俗。那里有说法：馒头是发面，麦饼外形为圆，有"发子发孙大团圆"的寓意，故而食用它们成了节日习俗，它们也成了吉祥的象征。

"上灯元宵，落灯面，吃了以后望明年"，这是以前江北民间流传的谚语。印象中，面条多用来庆生表"长寿"，然而细想，那一条条、一段段，也有"喜庆绵绵不断"的意思，看来那时，元宵节也是人们乞求吉祥的好日子。

在东北的吉林，还有一些人亲手制作元宵，供节日食用。他们先制好馅，然后将馅揉成小团放在糯米粉上滚，这流程听着简单，做起来可是马虎不得，稍有不慎，那"珍珠"到了水里可就变成"珍珠粉"了，看来豪爽的东北人不不乏细腻。

不过，豪爽、细腻也不是东北人的全部，他们还很孝顺。元宵夜，他们会在自家的大门口点燃一支蜡烛，生怕已故之人找不到回家的路，这是全家人的团圆，无论今夕你在何处。

说到团圆，在广东南雄还有一项亲子的元宵节习俗。在那里，元宵节闹花灯之际，父母为了图吉利，保自己的孩子不生病，会把龙灯上的龙须线取来给孩子系上以求健康。这一点一滴，装的都是父母对孩子的爱。

说到吉祥，在江苏泰州的五大元宵节习俗中，就有"送吉祥"这一项，它是泰州一些乡镇独有的风俗。所谓"送吉祥"就是指在元宵节当天，朋友、亲戚要给刚结婚的女子送送子观音等有"早生贵子"之寓意的东西。那里还有一些地方是找人拉着女子走百子桥，也有求子之意。

祭门户是古时"七祭"中的两种，也属于元宵节习俗。祭祀方法不唯一，有直接将酒放在门前祭祀的，也有把杨树枝插在门户上方，在盛有豆粥的碗中插一双筷子进行祭祀的。古人祭祀多为祈福，看来当时的元宵节也是人们祈福的日子啊！

福，万人所祈，万人所盼。星光下，牵着你的手，慢慢变老是两个人的幸福；用餐时，面带笑容，围着桌子，全家人一起吃饭、聊家常，那是一家人的幸福；元宵佳节，你品汤圆，我吃饺子，吃枣糕，那是全国人民的幸福。正月十五，让我们一起畅游在传统文化的殿堂，其乐融融。

元宵节之食品习俗不可不知的常识：

1. 古时，一些的地区的"圆子"和"油䭔"是有区别的。具体细节在清代顾禄的《清嘉录》中有所记载，记载中描述的"圆子"类似于今日的元宵，"油䭔"则同今天的烙饼颇为相似。

2. 随着历史的发展，元宵节在吃的方面很多传统习俗已经消失，如今最盛行的就是"吃元宵"了。

3. 在宋代时，元宵还被一些做生意的人美名曰"元宝"，它的馅也是比较多样化的，如今的豆沙、黑芝麻馅等是较为常见的。

第四章　风景美如画

一份渴盼，一片诚心。在这美如画的元宵节，让一道道风景线随着祝福与企盼永驻我们的心间。

风景美如画。

是怎样的风景才能担得起"如画"这两个字呢？

是出水芙蓉，是娇嫩如花蕊的妙龄女子；是一束一束，一闪一闪，发光发亮，如瀑布一般腾空而来的花；是流星划过天际时的祝福……这一切尽在美好的元宵节。

美好的东西虽短暂却能永留心间，烟花较好地阐释了这句话。

烟花，又叫"花炮"，一开始它的名字并没有这么美，模样也没有这么好看。它叫"爆竹"是《荆楚岁时记》中描述的"鸡鸣而起，先于庭前爆竹，以辟山魈恶鬼"。制作它的始祖叫李畋，是唐朝人，据说当时为了赶走瘟疫，他将竹筒里装上火药，进行爆破，形成了"装硝爆竹"的雏形，他也得了花炮始祖的美名。

华夏民族的智慧早在古时就已彰显，因为在爆竹燃破之际，他们发现了顶部的喷火，便受到启发，在此基础上制出了最早的烟花——喷花。

到了宋代，"编炮"出现，即先把火药装入纸筒中，再用麻茎编结成串。这是一种经久不衰的工艺，延续了上千年，在清朝《浏阳县志》中有相关记叙："后人卷纸作筒，实以硝磺，名为大爆竹，馈遗者，号曰春雷。往岁小除夕，响声不绝。"

随着花炮越变越美，它也越来越受重视，成了婚丧嫁娶、辞旧迎新中的"常客"。那一星星，一点点，一朵朵，着实美得耀眼，让人忍不住对她倍加关爱。因为关爱，所以成长，花炮变得越来越靓丽。

清末之际，浏阳县的商人李熙雅制作出了光芒四射、绚丽多彩的"烟花"。接着，由小到大，由零到整，由娱乐到专业，它完美变身，完成了一次又一次的蜕变。新闻、影视……各种佳节，它的倩影出现得越来越频繁。

近些年来，大型烟花已经成为各地元宵节的标志。专业的操作人员操作，专门的燃放地点燃放，人们聚集于燃放地周围，等着、盼着……只为目睹它一瞬间的绽放。

元宵节时月正圆，星正璨，一束束五颜六色、千姿百态的"花朵"在人间往来穿梭，若时间能够定格，那一定是一幅美极了的画卷。只是时光悄然溜走，我们只能记"画卷"在心间，随着环境污染的加重，近来的元宵节，懂事的它藏了起来，在很多地方都不曾看到。

然而就在很多人遗憾之时，打铁花出现了，它来得巧，也来得好。

顾名思义，打铁花就是用铁熔化了的铁水打出的火花。想来对很多人来说，第一次在互联网上看到它一定都惊呆了——谁曾想那铁也能开出"花"来。

其实这一切不足为奇，打铁花是在豫晋地区广泛流传的传统烟火形式，是我国采矿业与冶炼业相结合的结晶，历史之悠久，可追溯到春秋战国时期。

如同它的技巧性强一样，打铁花所蕴含的文化底蕴也是相当深厚的。最初的它与道教文化紧密相连。据赫赫有名的确山打铁花传承人杨建军说，这源自北宋的确山打铁花原是一种祭祀仪式。这祭祀因乐山道士与民间金、银、铜、铁、锡五种匠人共同进行，后来才慢慢演变到民间，成了受众颇广的庆祝仪式。

说到确山打铁花，它可是极为厉害的，足以做"铁花"代表了。

它是属于河南也是其仅存的一束民间焰火之花。不仅有"民间焰火之最""中原文化奇葩""中华第一铁花"的美称，还在 2008 年被列入国家非物质文化遗产的名单之中。

从北宋走到现在，一次次绽放，一次次惊艳，她将鞭炮、龙灯等传统文化吸收过来，与自己并肩而行。有这份如海之心，也难怪她会获此殊荣。

与其他的一些文化不同，打铁花逐渐消失在人们的视线中是因为它的技巧性太强，稍有不慎，便会遍体鳞伤。除了复杂的前期准备工作，打铁花最危险的地方在于，铁水需要达到一千六百到一千七百摄氏度，然后需要专业的表演者才能表演。想那可熔铁的温度，火热而焦灼，然后绽放开来与表演者融为一体，那该是多么绚丽又惊险的画面啊！

打铁花，这是属于我们的文化，属于我们的传承。希望将来的它能够如同那铁花，在我们华夏子孙的传承下永远炽热、永远绚丽、永远熠熠生辉。

如那象征爱情的红玫瑰一样，元宵节还有一个浪漫的名字——"情人节"。这浪漫的名字源自美好的画面。我们都知道古时极重礼教，妙龄女子总在闺房中学习女红，根本没有机会去见识外面的花花世界，除了节日。

而在众多节日中，元宵节无疑是一个好时机。一盏盏花灯排列在街上，一群群花一般的姑娘结伴而行，赏花灯、说贴己话……幸运的还能与如意郎君相逢，这花前月下，岂不浪漫？

面对这浪漫，欧阳修用"去年元夜时，花市灯如昼；月上柳梢头，人约黄昏后"来描绘，辛弃疾用"众里寻他千百度，蓦然回首，那人却在，灯火阑珊处"来描绘。

除了诗歌，还有戏曲为其点缀，陈三和五娘元宵节一见钟情，宇文彦和影娘元宵定情，更有乐昌公主与徐德言在元宵夜破镜重圆，这一切给元宵这个"情人节"增添了多少色彩啊！

走百病又叫"散百病"，是元宵节里的一项活动，古时社会医疗水平和经济水平均有限，所以在很多疾病面前，人们往往选择以风俗活动除之，而元宵节的"走百病"就是其中一种。

为了赶走疾病，去除灾祸，当时人们在元宵节选择结伴而行，他们或过桥或走郊外或走墙边，也堪称是元宵节一道亮丽的风景线。

"逐鼠"活动是古时养蚕人家元宵节的一道风景线。这道风景线，寄托了当时人们心中美好的念想。辛辛苦苦养的蚕总是被可恶的老鼠偷偷吃掉，害得人们白忙活一场不说，一家人的生活也没了着落，只好用各种办法去除老鼠。

只要有一线希望，就不会放弃。当人们听说在元宵节给老鼠吃米粥它就不再吃蚕时，便纷纷去尝试了。于是一锅锅地熬，一碗碗地盛，顶棚、墙角等老鼠经常出没的地方，都在正月十五这一天放上了米粥。人们一边放一边祈祷和诅咒，祈祷蚕宝宝越长越好，诅咒吃蚕的老鼠不得好下场。这风景、画面有趣，内心诚挚。

"元宵节荡秋千，一年腰不疼"是位于安徽省东北部的凤阳古城于元宵节的一道亮丽的风景线。在那里，荡秋千又叫"打悠"，形式多样，分单人、双人、立荡、坐荡。单人又分坐着被别人"送荡"和凭借一人之力站着自己荡的，非常精彩。每逢元宵佳节，众人集聚，不分男女老少，积极参与配合，好不热闹。

"伴灯馍"是陕西铜川元宵节的一道风景线，这"伴灯馍"其实就是花馍。在元宵节期间，铜川人们都在自家屋中设香案点烛焚香放鞭炮，与此同时，他们还在屋内点灯，然后把花馍放在灯的旁边，它伴着灯，于是乎成了"伴灯馍"。

元宵节美景与灯更配哦！在位于江西省吉安市的万安县在元宵节中有一道极应时的风景——唱元宵歌，即唱船。这唱船要算一种祭祀活动了，它由叩神、唱船、划船、赞船等部分组成，叩神在白天，其

余的则是在晚上。

晚饭毕，月朗星稀，人们聚在一起，一般于宇宙中，手里拿着元宵歌本，认真的唱着元宵歌，歌声浮动，与星月相通，那是多么美的赞歌。

"一偷汤圆二偷青，三偷檐灯四偷红。"这是四川元宵节一道有趣的求子风景线。除了"偷青"是为了强身健体外，其余皆为人们求子的习俗，可见人们对平安和子孙的期盼。

台湾有俗语"偷挽菜，嫁好婿"。元宵之夜，女孩带着满心期待来到菜园"偷"点葱或者青菜，只希望遇到那个有缘人。组个幸福的家庭白头偕老。

一份渴盼，一片诚心。在这美如画的元宵节，让一道道风景线随着祝福与企盼永驻我们的心间。

元宵节之"风景"不可不知的常识：

1.关于花炮祖师李畋，当时还有一些传说，那些传说无从考证，不过现在很多地方都建有李畋的庙宇，用来纪念，其中最具代表的就是浏阳大瑶李畋庙。

2.打铁花作为民间传统艺术，在古时是非常兴盛的，但是随着烟花的普遍，危险性极高的它现在已经濒临失传。由于它技艺性极强，投入大，在传承方面有很大的困难，目前可以加以保护。

3.江西省的唱船活动并非元宵节一天完成，它的迎神活动在正月初一，叩神、唱船、划船、赞船这些主体活动在正月十五，到了正月十六是送神。届时，这一祭祀活动才算圆满结束。

4.文中所提到的走百病等一些元宵风景线，已经随着社会的发展慢慢消失，目前存在的地方有限。

不可不知的中华节日常识（青少年版）

第三篇
清明节

清明节，披着两层朴实而柔软的外衣——我国二十四节气之一和我国传统节日之一，它在历史的长路中缓缓行走。作为节气，它知冷知热，朴实温暖，受人们喜爱；作为节日，它囊括了上巳节的水边祭祀、招魂续魄、春嬉和寒食节的扫墓、蹴鞠、荡秋千等诸多习俗，受人们尊敬。一朝一夕、一年一度，在一个个清明雨季，等它越来越了解自己，摒弃不适的，留下合适的，它越来越趋于完美。

第一章　踏春好时节

踏青、放风筝、荡秋千、蹴鞠、牵钩……历经周折，时光给了它们巨大的改变。现在蹴鞠已经不存在了；放风筝、荡秋千、牵钩也已不是清明节特有的节令习俗了；就连保存最好的踏青也被时光这个化妆师涂上了一层脂粉，人们的目的地开始由郊外转向各大名胜古迹，尤其是开封的清明上河园，它将张择端的《清明上河图》搬到了现实生活中，成了无数人清明时节踏青的好地方。

踏春好时节，怎样的时节才能谓之"好"呢？

《月令七十二候集解》说："清明，三月节按《国语》曰，时有八风，历独指清明风，为三月节。此风属巽故也。万物齐乎巽，物至此时皆以洁齐而清明矣。"（唐）韦庄说："满阶杨柳绿丝烟，画出清明二月天。"（宋）黄庭坚说："佳节清明桃李笑，野田荒冢只生愁。雷惊天地龙蛇蛰，雨足郊原草木柔。"

看来清明节配这个"好"字确实足矣，怪不得人们又叫它踏青节。不过它被称为踏青节还有一个缘由：清明节本是我们祭祖、扫墓、缅怀亲人的一个节日。而我们的亲人多安息在郊外。阳春三月，郊外正是草长莺飞的好时节，可是面对已故的亲人，往事一幕幕涌上心头，着实让人伤感。这么悲痛的画面，我们不想让亲人看到，必须调节一下心情才好，于是便就着大好时光踏青吧，让它给心情一个舒畅。

踏青，现在仍旧和清明节缠绕在一起的节令活动，捆在一起这么久，其实最初它们并没有多大干系。

《尚书·大传》中有记载："春，出也，万物之出也。"《礼记·月令》中也有记载："立春之日，天子亲率三公、九卿、诸侯、大夫以迎春于东郊。"由此看来，踏青早已出世，展示出以农耕祭祀的迎春习俗这一身份。

到了春秋战国时期，上巳节定型，踏青便成了它的节令习俗，从《韩诗》"三月桃花水之时，郑国之俗三月上巳，于溱洧两水之上，执兰招魂续魄，拂除不祥。……续汉书礼仪志曰：三月上巳，官民皆洁于东流水上，曰洗涤祓除宿垢，为大洁"的这段记叙中，我们可以看出，当时的踏青与现在并不相同，它的主要目的是"招魂续魄，拂除不祥"。

到了汉代，随着历史的发展、社会的进步，踏青发生了演变，它变得单纯了许多，成了简单的迎春之俗。这习俗在当时的《后汉书》有记载："（县邑常于）立春之日，皆青幡帻，迎春于东郭外。令一童男冒青巾，衣青衣，先在东郭外野中。迎春至者，自野中出，则迎者拜之而还，弗祭。"

从那记载中，我们不难看出，当时帝王大臣们已经开始借着迎春之礼游览美景作乐了。在权贵们放松愉悦之际，老百姓也有自己的乐趣，从《盐铁论·散不足》的"今富者祈名岳，望山川，椎牛击鼓，戏倡舞像。中者南居当路，水上云台，屠羊杀狗，鼓瑟吹笙。贫者鸡豕五芳，卫保散蜡，倾盖社场"。这一记载中，我们可以看出，当时的踏青习俗在民间也是极其普遍的。

到了魏晋，上巳节已不再是三月的第一个巳日了，而是在农历三月三日，踏青也紧紧跟着它，然而这一跟就是一路。

南宋吴自牧的《梦粱录》中记载："三月三日上巳之辰，曲水流觞故事，起于晋时。唐朝赐宴曲江，倾都禊饮踏青，亦是此意。"隋唐时期，展子虔又用他的妙手为我们留下了宝贵的《游春图》；北宋时期，张择端的一幅《清明上河图》更是流传千古，驰名中外。如今，透过那一层层笔墨，我们自然可以清楚地窥探到当时清明节踏青习俗之盛。

到了元代，踏青被赋予了生命，它有了体育健身的影子，杨维桢在《崔小燕嫁辞》一诗中写道:"崔家姊妹双燕子,踏青小靴红鹤嘴。"可见那时,人们的审美也发生了一定的变化。

到了明清,踏青的生命活力更加顽强了,除了放风筝、荡秋千、蹴鞠、牵钩等各种各样的体育活动涌现出来外,百戏也来凑了热闹,成了与踏青并存的伙伴。

明代的田汝成将那生机勃勃的画面描绘在他的《西湖游览志馀》中:"是日,倾城上冢,南北两山之间车马阗集而酒尊食罍,山家村店,享骏遨游,或张幕藉草,并舫随波,日暮忘返。苏堤一带,桃柳阴浓,红翠间错,走索、骠骑、飞钱、抛钹、踢木、撒沙、吞刀、吐火、跃圈、筋斗、舞盘及诸色禽虫之戏,纷然丛集。"

放风筝于现在也是我们极其喜爱的娱乐方式,阳光下,伴着清风,看着手里的风筝越飞越高,越走越远,心情也会豁然开朗。只是,现在多数玩风筝的人并不知道,曾经的它也是与清明节紧密相关的。

与现在的放风筝不同,古时的风筝又叫"神灯",它不仅仅是一种娱乐,还有除病去灾、迎来好运的寓意。也正是有了这美好的寓意,古代清明节的放风筝比现在的花样要多得多。那时人们不仅在白天放,还在夜里放。在夜里,人们将自己的风筝好生打扮,给它尾部的拉线上挂上一串五彩缤纷的"小灯笼",放飞时,"灯笼"一闪闪地像是那会眨眼睛的星星,分外美丽。

另外,因为这吉祥的寓意,人们还这样放风筝:在风筝飞上天空之后,就把牵引着它的线剪断了,让清风带着它同那些病灾一同远去,永不再回来。

这古时清明节放风筝方式颇多,大多是现在没有的,只在当时存在,那时也有相关记载。清朝潘荣陛所著《帝京岁时纪胜》中有描绘:"清明扫墓,倾城男女,纷出四郊,提酌挈盒,轮毂相望。各携纸鸢线轴,祭扫毕,即于坟前施放较胜。"《清嘉录》中也有描绘:"春之风自

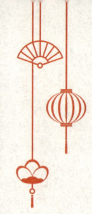

下而上，纸鸢因之而起，故有'清明放断鹞'之谚。"

荡秋千，想必大家都不陌生，只是要说它的起源、名字由来以及和清明节的具体关系，这就有些复杂了，恐怕很多人都不知道。

秋千原来叫千秋，后来为了避讳，便把这名字改了，成了秋千。关于它的起源，有两种说法，其一是源于春秋战国时期，在《古今艺术图》中有提到："此（荡秋千）北方山戎之戏，以习轻（敏捷者）。齐桓公伐山戎，流传中国。"其二源于汉武帝时期，明代陈卧子有诗提到："禁苑起山名万岁，复宫新戏号千秋。"

这两种说法如今已无从考证，不过无论是前者的由少数民族习武而来，还是后者由宫女玩耍而来，都不打紧，想来它能流传至今并一直深受人们喜爱，自然有它的特色。

说起特色这两个字，从古到今秋千着实没有辜负它们。古时的秋千以纯天然的树枝为架，上面再绑以彩带，简单大方；到了现在，秋千以绳索为架，中间还放上供人坐的东西，倒是舒服了不少。

然而，现在除了这模样上的特色，荡秋千的方式也别具特色。就拿山东的胶东一带来说，就有"旋转式秋千"和"纺织式秋千"两种。

"旋转式秋千"即现将一木桩栽于地面，然后再将盘放于木桩上，最后再系四对麻绳于转盘上，方才放上木板供戏者坐，坐好之后，戏者自己用脚蹬地，使其转动，颇具技巧性。

"纺织式秋千"因为形似纺车而得名，需两三人配合玩耍，两人各坐一端，一人助动。秋千旋转起来与风车还有几分相似。

至于这颇具特色的荡秋千和清明节的关系，那还要从寒食节说起。唐朝欧阳询主编的《文艺类聚》中说："北方山戎，寒食日用秋千为戏。"看来这一习俗是清明节继承寒食节而来，据民间传说它也有去除百病、日子越过越美好的寓意，这可能也是它流传千古的另一原因吧。

说蹴鞠，可能有些人觉得它离自己很远，可是说起足球，这距离感瞬间就消失了。其实，说白了，蹴鞠和足球就好比孪生兄弟，各方面差别都不是很大。古时，它的名字很多，又叫"踢鞠""蹴球""蹴圆""筑球""踢圆"等。

蹴鞠起源很早，兴盛于唐宋时期，当时杜甫的《清明》一诗中也说，"十年蹴鞠将雏远，万里秋千习俗同"，可见作为清明节节令活动，它也是相当普遍的。

"拔河，古谓之牵钩。"唐代的《封氏闻见记》中如是说，可见我们这热闹有趣的拔河活动早在很久之前便有了，而且曾经还和清明节有着莫大的关系。它以增强体质问世，后来成为了一种娱乐活动，一直保存到现在。

踏青、放风筝、荡秋千、蹴鞠、牵钩……历经周折，时光给了它们巨大的改变。现在蹴鞠已经不存在了；放风筝、荡秋千、牵钩也已不是清明节特有的节令习俗了；就连保存最好的踏青也被时光这个化妆师涂上了一层脂粉，人们的目的地开始由郊外转向各大名胜古迹，尤其是开封的清明上河园，它将张择端的《清明上河图》搬到了现实生活中，成了无数人清明时节踏青的好地方。

清明节踏青等习俗不可不知的常识：

1. 清明节的踏青习俗，就是指春日的郊游，古时并非每个地方的踏青都是在清明节，也有其他时间的。现在的清明节踏青已经转化为假期旅游，和普通假期的旅游，区别不大。

2. 古时清明节的放风筝习俗颇受重视，因为它不仅是一种游乐活动，而且带有一丝那时的巫术性质，传说可以放走秽气，风筝飞得越高表示日子越过越好。

3. 蹴鞠一开始出现是一种对抗性比赛，后来渐渐变为表演性竞技。它在唐代较为盛行，后来渐渐衰败，清代以后史料上关于它的记载已经少之又少。

第二章　青青插柳去

青青插柳去，"柳"字虽好，却不如它的谐音"留"字好。时至今日，清明节无论是插柳、戴柳、蚕花会……虽然没有完整地留下来，却也成了我们文化之路上的一株草，生机无限。满是春意的清明节，柳枝初长开，折一枝或握在手中嗅一嗅，或编个"柳环"戴一戴，给小孩、给自己抑或是给朋友，那都是至美的。

关于柳，印象中它总是和离别愁绪有关的。无论是《诗经·小雅·采薇》里的"昔我往矣，杨柳依依"，还是李白《春夜洛城闻笛》里的"此夜曲中闻折柳，何人不起故园情"，抑或郭登《送岳季方还京》里的"年年长自送行人，折尽边城路旁柳"。他们给柳赋予的总是别离的伤感，因此现在的很多人只知"折柳送别"。却不知这柳与清明节也有着几世的姻缘。

好姻缘多磨，这柳和清明节便是如此，至今留传下来的它们的关系仍旧是"剪不断，理还乱"，每种说法都有说辞，想来它们也只能这样一直纠缠下去了。

清明本是种植的好时节，恰好古时极重农事，因此它与柳最早的情缘也与这农事相连。话说这清明节插柳之俗是为了纪念"教民稼穑"的神农氏，他作为我国农事祖师，地位非凡，必然当得起此纪念。恰古时也有谚语"柳条青，雨蒙蒙；柳条干，晴了天"，因此这插在屋檐下的柳也有了预报天气的作用。此为清明与柳的一世情缘。

众所周知，清明节又被称为鬼节，这鬼在古人心中虽有善恶之说，但作为人类，终究难辨。为了以防万一，佛教中关于柳可以驱鬼的说法也深入人心，柳成了人们心中的辟邪之物。清明时节，杨柳正盛，因此插柳、戴柳便自然成了清明节的习俗之一了。北魏贾思勰在《齐民要术》中写道："正月旦取杨柳枝著户上，百鬼不入家。"也可见当时柳在人们心中的地位。此为清明与柳的二世情缘。

这清明与柳的三度情缘与介子推有关。传说介子推不仅忠义两全还明志守节，将自己与柳树一起焚而亡之。岂料次年，已死的柳树复生，国君晋文公惊叹又兴奋，当即给柳树赐名"清明柳"，并折柳枝戴于头上。这之后，插柳、戴柳在当时流传起来，并成为了人们在清明节时纪念介子推的一种方式。

这三度情缘，令人难忘。清明节和柳又怎能轻易分开呢？也因为分不开，所以一直纠缠着，所以便有了诸多如"清明不戴柳，红颜成皓首"的古时民间谚语。

当时的柳枝辟邪不仅用在人身上，在以前山西的部分地区，人们在清明节上完坟回家后，也要在门上插柳，还有一些地方还在坟上插柳。

也有一些地方，柳和辟邪并没有多大关系，据《梦粱录》的"凡官民不论大、小家，子女未冠笄者，以此日上头"。这一记载来看，这戴柳也意味着成年，因此柳与时间的关系也不浅，后来还有了"记年华"之意，那时还有很多爱美的女性戴柳，不为祈福，只为让自己青春永驻，红颜永存。

青青之柳，条条生华，因柳还有青春的意思，所以也有不少人佩戴它，只为了表示自己对大好年华的珍爱之情。

说到戴柳，这著名的黄巢起义不得不提，据说当时规定"清明为期，戴柳为号"，只可惜轰轰烈烈的起义以失败而告终，后来这柳也不再戴了。只是俗话说得好"有意栽花花不发，无心插柳柳成荫"这柳的生命力是格外的强，戴柳虽不兴了，插柳却存留下来，处处盛行。

除却插柳，有的地方还在清明节用柳叶浸泡于水中洗眼睛，说是有明目的效果。如广西的横州，他们那里的人们每到清明节就将柳叶与田螺一起浸泡，然后再用浸泡的水洗眼睛。

射柳是清明节又一项和"柳"有关的习俗，只是与插柳、戴柳大不一样，那是真枪实弹的演练，检验一个人骑射水平的一位好"师父"。

"射柳"若将两个字分开来看，射即射箭，柳即柳树，若把它们连在一起来看，便是有趣了。关于其记载，《史记·周本纪》有云："楚有养由基者，善射者也。去柳叶百步而射之，百发而百中之。左右观者数千人，皆曰善射。"从这记载看来，这"射柳"定是指一个人射箭术高超的词了。

说到这射柳的起源，也是说来话长啊！有说它是源于鲜卑族的一种秋祭仪式，也有人说它源于契丹，是一种萨满黑巫术，所以它究竟源于哪里，如今是很难说清楚了。现在我们唯一能确定的，便是它确实作为清明节之习俗在我国存在过，而且时日不短，这一点我们有相关文献的记载。

金代关于射柳，《金史·礼记》中这样记载："凡重五日拜天礼毕，插柳球场为两行，当射者以尊卑序，各以帕识其枝，去地约数寸，削其皮而白之。先以一人驰马前导，后驰马以无羽横镞箭射之，既断柳，又以手接而驰去者，为上。断而不能接去者，次之。或断其青处，及中而不能断，与不能中者，为负。每射，必伐鼓以助其气。"

宋代关于射柳，《东京梦华录》这样记载："以柳枝插于地，数骑以划子箭或弩射之。"

元代关于射柳，《析津志》中这样记载："三军旗帜森然，武职者咸令斫柳，以柳条去青一尺插入土中五寸，仍各以手帕系于柳上，自记其仪，有引马者先走，万户引弓随之，乃开弓斫柳，断其白者，则击锣鼓为胜。"

手执弯弓，脚踏马鞍，箭离弦，柳飘落，疾驰而去，飘落之柳瞬间及手，这一丛画面想一想就是美的，看来我们中华功夫是从古至今都不曾衰败过的。

植树是古时清明节的又一习俗，"清明前后，种瓜种豆"这句俗语是好极了，这么好的时节，正是播种的好时机，植树定也是极好的。

当然，关于清明节植树的习俗，自是没有那么简单，这一民俗源自以前的丧葬之习。最早时，这树是植在坟墓上的，它只属于权贵，和老百姓没有什么关系。后来，它渐渐普及到民间，然后与清明节联系到了一起。其实，如果仔细观察，不难发现，现在乡村的坟墓上或周围，大多有树，想必也是和这一习俗有关的。

蚕花会是蚕乡清明节的一种习俗文化。曾在浙江乌镇、崇福、洲泉等地都有，其中以洲泉为最盛。

蚕花会本是一种祈求蚕业丰收的活动，因此它的起源和我国古时的养蚕丝织业有着巨大的关系。而清明节刚巧就是饲蚕的好时节，又因其与人们祭祀蚕神的日子相近，所以便与清明节走到了一起，成了它的节令习俗。《湖州府志·岁时》有记载："清明晚，则育蚕之家设祭以禳白虎，门前用石灰画弯弓之状，盖祛蚕祟也。"可见当时人们对蚕业的重视。

既然重视蚕业，那蚕花会就更不用说了，它的活动项目极多，有迎蚕神、摇快船、闹台阁、拜香凳、打拳、龙灯、翘高竿、唱戏文等十余种，大部分在船上进行，水乡特色较为浓厚。

在盛大的蚕花会，姑娘们还颇重视自己的仪容仪表，好生打扮一番，她们头插"西施蚕花"，怀揣蚕种，万分娇艳，那场面是人美、景美，一切皆美。只是它并未走多久，随着时间的推移，清明节的这一习俗也就消失了。

不过值得庆幸的是，清明节前脚被立为法定节假日，蚕花会后脚就复原了。"水上蚕花会"得以重现，回归到人们的视线当中。

说起"水上蚕花会"，它的历史也是相当悠久的，起源于南宋绍兴年间。那时清明节，人们为了期盼"蚕好才（全）好"，全都聚集到寺庙，举办祭祀蚕神、水上竞技、民间艺人表演等活动。届时，人山人海，掌声、笑声、喝彩声融为一体，一年一度难得的热闹与精彩！

蚕、柳、树，如同它们一样，清明节也是有生命的，虽然随着时间的推移，一切都在变化，但是仍旧挡不住人们对它们的留恋，我们爱它，更敬它，爱它的美，敬它的生命力之顽强。

青青插柳去，"柳"字虽好，却不如它的谐音"留"字好。时至今日，清明节无论是插柳、戴柳、蚕花会……虽然没有完整地留下来，却也成了我们文化之路上的一株草，生机无限。满是春意的清明节，柳枝初长开，折一枝或握在手中嗅一嗅，或编个"柳环"戴一戴，给小孩、给自己抑或是给朋友，那都是至美的。

清明节之插柳等不可不知的常识：

1. 关于清明节的插柳、戴柳习俗，古时各地不一。有将柳条编成环戴在头上的，也有编成花朵插在头上的。关于这一点明朝的田汝成在《西湖游览志馀》中有提到"家家插柳满檐，青茜可爱，男女或戴之"。

2. 清明节与插柳、戴柳的关系和起源的说法有很多，并不止文中提到的几种。另外有关介子推的传说也有不同的说法，但是都和柳有着很大的关系。

3. 植树这一清明节的习俗，古时也有相关的传说，文中未多作介绍。

4. "水上蚕花会"重现的第一次，引来观众数万人，场面非常热闹，充分证实了我国人对传统文化的热爱与兴趣。

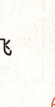

第三章　和你一起飞

一个节日，万种风俗，一颗种子，一方传承。清明节就如同一颗饱含文化的种子，在华夏民族的土壤中永久传承。

在这暖阳初显、万物复苏的日子里，让我带着你一起飞吧！飞过时间的缝隙，穿越上下几千年；飞过空间的距离，穿越山河几万里；飞过小桥，飞过孤山，飞过烟雨……一起去看一看四海天下的清明节，看看各地的习俗、饮食……

祭祀可谓是清明节的头等大事。"清明时节雨纷纷"那一点一点的雨滴，或大或小，纷纷落下，给大地罩上了一层白纱，好像专门为了那祭祀而来。连老天都不曾忽视的祭祀，人们更是倍加重视了，从前、现在，大江南北都用自己的方式延续着这一习俗。

提到祭祀，也许大多数人想到的就是祭祀祖先和已故的亲人了。殊不知，一些地方的清明节，他们祭的不是亲人，而是传说中的一些孤魂、恶鬼，他们将这种祭祀叫祭厉台。如旧上海，以前那里的人们不仅在清明节祭厉台防止恶鬼作乱，还在清明节的前一天迎接城隍神，那场面不但热闹而且盛大。

清明祭祀，如果看了这四个字，你就单纯地认为所有的祭祀活动都是在清明节这一天，那你就大错特错了。祭祀作为清明节的头等大事，怎么可能就在这一天呢？它在时间上也是处处开花的。

曾经老北京的清明祭祀以"俗人"和僧人为界线划分了祭祀时间。僧人在清明节当日进行祭祀活动，而"俗人"则在清明节前夕的"单

日"进行祭祀活动。

"前三后四"说的是浙江丽水一带人们的清明节祭祀时间，即清明节的前三天和后四天皆是可以的。

山西南部的清明节祭祀挺有自己的特色，他们分两次进行，第一次在临近清明节时，各自去扫墓。第二次在清明节当天，这次要选代表，共同行动，村里一个姓氏选一个代表，去祭祀共同的祖先，同姓同根，说不定五百年前是一家呢。

旧上海时，若是新坟且七七四十九天还没有做法事超度的，那清明节就别再耽误了，无论如何要请僧人做个法事，让逝者安息。若是已经做过法事的老坟，祭祀的时间就相对宽松了，当地有俗语"前七后八，阴司放假"，即清明节的前七天和后八天都是可以的。

祭祀，承载的是人们对亲人、祖先的思念和尊敬。所以，提起它，我们想到的多是扫墓，然而在清明节的祭祀中，扫墓并不是唯一的方式，它叫墓祭。除此之外，还有庙祭和遥祭，庙祭即祠堂祭祀，它是一种有利于凝聚人心的宗族祭祀方式，带有很强的宗族气息。

遥祭，从字面上便可理解，在遥远的地方祭祀亲人。这种祭祀方式主要是针对那些远在他乡忙碌的人们。为了生计，踏上远方，工作繁忙，即便是清明节也不能回家探望，常言道"站得高，看得远"，于是，一个人登到高处，面对故乡，希望思念化作一缕清风，慢慢飘到家乡。

"烧包袱"是老北京以前祭祖的形式之一，他们认为既然纸钱烧了，阴间的人可以收到，那何不多烧一些东西呢？人们把给亲人的东西，吃的、用的，装进包袱里烧掉，愿这一把火可以将一切带到亲人身边。

"包袱皮"是伴随着"烧包袱"而来的，人世间一天死生无数，那时的人们担心，若寄去的东西和别人的混了怎么办？"包袱皮"就这

不可不知的中华节日常识（青少年版）

样诞生了，上面写着亲人详细的名讳，这样就不会混淆了。

"清明细雨催人哀，漠漠坟头野花开，手端祭品肩扛锹，都为先坟上土来"这是一首流传在山西的关于清明节的民谣。带着无限的思念，手里端着祭品，肩上扛着铁锄，如今人已不在，能为你做的就是给你一个可以遮风挡雨的家了，愿你住得安稳、舒适。

"阖村哀声连一片，传入耳中都是悲"这是山西大同、平遥等地清明节的写照，带着对亡人的哀思，好好地痛哭一场，也是一种解脱。只是"男儿有泪不轻弹"的古训，人们自是不会忘记，所以这里哭的都是妇女。她们在傍晚时分，将所有的哀思都化为泪水从心中涌出来。

地处中原的山西，自古受着礼仪的熏陶，连清明节也多了几分别样，从南到北，各有特色。南边的清明节是全家出动，穷也好，富也罢，人们都用满满的诚心去怀念故人。他们祭祀完毕，返回家中时还要拔一些绿油油的麦苗，然后再在门上插一些辟邪之物，如松柏枝、柳条等。另外在那山西闻喜等地，祭祀时还有给已故之人挠痒痒之说，他们祭祀时带着枣糕，用其在地上滚，说是这样便可以为故人挠痒痒了。

北边的清明节是清一色的男人，当地人们认为，男人乃家中的顶梁柱，把一切交给他们，让他们代表全家去哀悼，也是好的。在那山西河曲等地，以前人们祭祀时，还带着美酒佳肴，待祭祀完毕，他们就地而饮，离得那么近，就当是和故人一起用餐了。

祭扫和修整坟墓是台湾人民清明节祭祀的两种方式。前者简单，只需供奉一些米糕之类的吃食即可，后者复杂且隆重。

修整坟墓的贡品不仅包括十二种蔬菜，另外还有粿类、糕饼等做伴。不过这贡品还不算什么，扫墓更是讲究。在那里，"墓纸"即用五色纸剪成的长方形，也就是献给逝者的钱，是必不可少的。它要献置在坟墓的四周，墓碑上也要放一沓，他们认为，无论生前贫富，死后

到了另一个地方，只愿富贵与你长在。

千好万好不如家好，一个温暖的家对每个人来说比什么都重要，台湾人一定深谙其中的道理，所以才对修整坟墓这件事情如此上心。修整时，他们全家人围坐于墓地周围，拿出带壳的红鸡蛋，小心翼翼地把那红壳撒在地上，愿一切生生不息，讨个好兆头。

位于浙江省东北部的舟山人很懂得分享，他们的清明节祭祀活动在很多地方都离不开"分"字。一般的祭祀流程结束后，他们摆上贡品，在家长的带领下，全家人或下跪或行鞠躬礼，礼毕，"分"字就来了。首先，给孩子分青饼，即一种用糯米做成的点心；其次，回到家之后，大人们做"清明羹饮"，一起分着吃，气氛颇为欢快。

"撑会船"是江苏泰州清明节的习俗，所谓撑会船其实就是划船比赛了。清明节是个好时节，春暖花开，泛舟湖上，这比赛即使是名次落在后面，也是一种美好的享受。

穿耳洞是河南西部农村地区的清明节习俗。以前，由于经济、交通各个方面的因素，女孩的耳洞都是用针穿的。想来，用针在耳朵上硬生生地扎个洞定是很痛的，后来不知是谁说在清明节扎就不痛了，于是那里的清明节便成了女孩子用针穿耳洞的日子了。

习俗是节日的"魂"，纵然为其添了不少文化气息和传承的意义，然而在节日里除了它，节令饮食也是组成节日文化的一部分，它如同蜂蜜，是采得百花后的甘甜，分外有滋有味。

"采新蒿嫩芽和糯米同舂，使蒿汁与米粉融合成一体，以肉、蔬菜、豆沙、枣泥等做馅，纳于各种花式的木模之中，用新芦叶垫底入笼蒸熟。"简单的几句话，却道出了清明节传统食物之一——蒿饼的制作方法，看它的食材，想必也能想象出那青翠的颜色和淳朴的清香，这食品不光可以用来祭祖，也可以用来款待亲朋好友。

青团也是清明节的传统食品之一，说起来它倒是和蒿饼有几分相像。由于它的主要成分有植物的汁水，即"浆麦草"，所以模样也是绿的，飘散的香味中带了一抹植物的味道，给人清爽的感觉，在江南一带颇受欢迎，是当地人们祭祀中必不可少的食物。

"清明螺，抵只鹅"要说吃螺蛳的最佳时节，那可要非清明莫属了。那个时候，螺蛳因为还未曾繁殖，所以肥得不得了，捉一些回来，无论怎样吃，都别具特色，难怪它会有"一味螺蛳千般趣，美味佳酿均不及"的赞誉呢。

鸡蛋是河南西部清明节的节令食品，每到清明，大人便煮一些鸡蛋给孩子吃，说是这一天吃鸡蛋有明目的作用。

作为地大物博的中原，在饮食上自然颇有风味，清明节更是不例外，下面我们就一起飞到山西，以它为例，看一看那里清明节的饮食习俗。

在山西，"馍"好像已经成为了特色，几乎每个几日都离不开它，清明节我们又要和它见面了。山西南边地区的人们在清明节要蒸大馍，那馍与平日不同，里面要包上核桃、红枣等东西，有子孙多福的吉祥寓意。而北边的人们则要自己生黑豆芽，然后再把它作为馅包在玉米面中来吃。再靠西一点的人们在清明节要"摊黄儿"，就是用黍米磨的面做饼，真是特色十足。

当然这特色不止在山西，更不止在中原，它属于清明节，早已遍布祖国各地。一个节日，万种风俗，一颗种子，一方传承。清明节就如同一颗饱含文化的种子，在华夏民族的土壤中永久传承。

清明节各地祭祀、饮食等习俗不可不知的常识：

1.祭厉台这一习俗在以前很多地方都有，并非只在上海存在。当时人们认为，祭祀这些孤魂恶鬼的目的就是不让他们危害自己，主要起安抚作用，与清明节祭祀亲人的意义不同。

2.祭祀习俗在今天非常普遍，众多的海外华人在清明节也有各种各样的祭祀活动。

3.文中所提到的清明节习俗和食品仅仅只是古往今来大江南北的一小部分，而非全部。那些习俗在今天有的已经消失，有的已经淡化，完整保存下来的并不多。

第四章　穿越时空

清明节，着两层朴实而柔软的外衣——我国二十四节气之一和我国传统节日之一，它在历史的长路中缓缓行走。作为节气，它知冷知热，朴实温暖，受人们爱戴；作为节日，它囊括了上巳节的水边祭祀、招魂续魄、春嬉和寒食节的扫墓、蹴鞠、荡秋千等诸多习俗，受人们尊敬。一朝一夕、一年一度，在一个个清明时节，它越来越了解自己，摒弃不适的，留下合适的，它越来越趋于完美。

时空如一面镜子，如今我们看到了它的这一面，却不知它的另一面如何。为了与它的另一面相逢、相知、相识，我们必须穿越时空去遇见。

穿越时空遇见你，相逢、相知、相识因为你。上巳、寒食、清明，最终无论是节气还是节日，这条路我们一起走。

溱与洧，方涣涣兮，士与女，方秉蕳兮。女曰："观乎？"士曰："既徂。""且往观乎？洧之外，洵讦且乐。"维士与女，伊其相谑，赠之以芍药。

这是《诗经·郑风·溱洧》中关于男女嬉戏之画面的有趣描绘，那是发生在上巳节，当时人们叫它"春嬉"，所谓"春嬉"就是说在春暖花开的上巳节，俊男靓女一起到野外郊游、踏青，顺便择偶。

"今三月桃花水下，以招魂续魄，祓除岁秽。"《韩诗注》的这一注

解说的情形也是在上巳节，当时将这一习俗叫"招魂续魄"和"水边祭祀"。

所谓"招魂续魄"，其实就是当时的一种祭奠方式。初春时节，万物复苏，一切归来，当时的人认为，逝去的亲人也不例外，借着这春暖花开的好时机，人们召唤亲人，希望他们苏醒、回归。

所谓"水边祭祀"，就是在水边进行的祭祀活动了。这地点选得好，水乃万物之源泉，借那洁净之源祭祀完毕，人们还要给自己除除污渍和秽气，到那水中去洗浴，当时称之为"祓"。

"三月三日，士民并出江渚池沼间，为流杯曲水之饮。"《荆楚岁时记》中所记载的这水边郊游、宴饮的画面亦是上巳节，此时这节日已不是农历三月上旬的巳日了，而成了农历三月三。

"上巳曲江滨，喧于市朝路。相寻不见者，此地皆相遇。"不用说，这刘驾的《上巳日》所描绘的也是上巳节了。清澈透亮的水缓缓流动，酒杯也随着转动，说到这有名的"曲水流觞"，唐朝不得不提。那时无论是至高无上的皇帝还是颇具才情的文人墨客，都给这上巳的娱乐祈福习俗添了不少光泽。如今，漫步在西安的曲江，任谁都会想起那儒雅的画面。

只是，这么美好的上巳节，走着走着，却不知怎的就与清明节走到一起了。不用惊奇，其中原委，我们细细来看。

原来，原本属于上巳节的水边祭祀、招魂续魄、春嬉等活动到了魏晋就转为临水酒会了，人们这么好玩，何不大玩一场？

而清明节作为我国三大鬼节之一，既有祭祀先祖之俗，又有踏春之习，两者在时间上又如此相近，那就合二为一吧，从此没有上巳，只有清明。

清明节作为我国的传统节日，它又是特殊的。除了节日，它还有另一重广为人知的身份，那就是节气。

"清明前后，种瓜种豆""植树造林，莫过清明"等谚语如今也是广为流传。我们都知古时民以食为天，在这万物复苏的日子里，抓紧种植也是一件大事啊。

东汉崔寔《四民月令》有"清明节，命蚕妾，治蚕室……"的记载；西汉《淮南子·天文训》中有"春分后十五日，斗指乙，则清明风至"的记载;《岁时百问》有"万物生长此时，皆清洁而明净。故谓之清明"的记载。由此可见，清明作为节气被人们认识可要比节日早得多。

然而，清明又是怎样从节气延伸到节日被大众认知的呢？追根溯源，就要从古时的"寒食节"说起了。

关于寒食节的具体日子，古往今来，说法不一，不过不管是哪一种说法，总是与清明极为相近的。其习俗主要有禁火冷食和祭扫坟墓。

禁火冷食这一习俗与古时的钻木取火是紧密相连的。由于当时取火不易，人们要随着季节的变换，变更取火树种，即改火。而三月春日，正值改火，便有了这禁火冷食的习俗。汉朝的寒食节又叫禁烟节，这一天，普通老百姓均不得举火，火种要在晚上才能从宫中传出。

祭扫坟墓这一习俗与古人对祖先的敬重是分不开的，这一点，我们从众多的书籍中都可以看到。古人极重风水，宗庙、墓穴都极为讲究，这扫墓自是不用说了。

据汉书记载，当时著名大臣严延年即使远在京城，离家千里，也要定期返乡扫墓。而到了唐代，从民到官，扫墓已经成了寒食节重要的习俗，人们分外重视，还常常将其延至清明节。因此，我们现在看到的一些诗句往往将寒食节与清明节一并提起，如：韦应物的"清明寒食好，春园百卉开"，白居易的"乌啼鹊噪昏乔木，清明寒食谁家哭"。

继寒食节与清明节扫墓习俗的渐渐融合，它们的假期也开始融为

一体，唐朝的官方文书有规定，清明和寒食可一并放假。继假期相融，寒食与清明这两个节日也很快走到一起了，宋元时期，清明节的地位慢慢提升，由对寒食节的依附到渐渐取而代之。随之，寒食节原有的冷食、蹴鞠、荡秋千等习俗也被清明节容纳了。

寒食节和上巳节，许是吸收了太多，清明节需要慢慢消化了。接下来的日子里，它都在不断地改变，改变……

"寒食上冢，亦不设香火。纸钱挂于茔树。其去乡里者，皆登山望祭。裂帛于空中，谓之掰钱。"宋代庄季裕的《鸡肋篇》描绘的这一扫墓场景，显然是属于寒食节的。那会儿，由于寒食节禁火的原因，上坟的纸钱都不能烧掉，需要挂在墓地的树枝上，一眼望去，白茫茫的一片，心中别是一般感触，后来，清明节觉得烧了也好，免得触景生情，于是这禁火也没有了，上坟的讲究也少了。

关于"扫墓"这个词的由来，《清通礼》中有个说法："岁，寒食及霜降节，拜扫圹茔，届期素服诣墓，具酒馔及芟剪草木之器，周胝封树，剪除荆草，故称扫墓。"从这段记叙中可以看出当时人们把修整坟墓称为"扫墓"。

修整坟墓在当初可是一项复杂的事情，除了简单的除杂草，还要添培新土。我们知道古人极重风水，墓地的选择和后代子孙兴旺关系很大，所以添培新土就复杂起来了，它承载着人们的信仰，成了当时不可轻视的习俗。

不过，上坟也好，扫墓也罢，在寒食节与清明节融合之后，它们都成了祭祀的一部分。清明节祭祀包括修整坟墓和挂烧纸钱、供奉祭品等习俗，它伴着清明节一直走到今天，一切虽然变得简单起来，却依旧被人们重视着。唐代诗人杜牧的《清明》中写道："清明时节雨纷纷，路上行人欲断魂。借问酒家何处有，牧童遥指杏花村。"这一画面在如今依旧可以看到。即使习俗没有那么多讲究，人们也依然带着诚心去悼念逝去的亲人，希望他们在另一个世界一切安好。

从古时的寒食到如今的清明，含着春的无限明媚，带着对已故亲人的敬重和怀念，清明节一直备受关注，从古到今，从基本习俗到相关假期一直如此。

唐朝为解决官吏返乡扫墓问题，颁布相关假期法令，《唐会要》中这样记载："（开元）二十四年（即736年）二月二十一敕：'寒食、清明四月四日为假。'""至大历十二年二月十五日敕：'自今以后，寒食通清明休假五日。'""至贞元六年三月九日赦：'寒食清明，宜准元日节，前后各给三日。'"由此看来，其节日地位在当时之重不言而喻。

"秋贵重阳冬贵蜡，不如寒食在春前。"透过王冷然《寒食篇》中的描述，我们可以看到这节日的地位在当时之重堪比重阳节和年终腊祭。

宋代的假期依旧未减，北宋庞元英的《文昌杂录》有记载："祠部休假岁凡七十有六日，元日、寒食、冬至各七日。"吕原明的《岁时杂记》中也有记载："清明前二日为寒食节，前后各三日，凡假七日。而民间以一百四日禁火，谓之私寒食，又谓之大寒食。北人皆以此日扫祭先茔，经月不绝，俗有寒食一月节之谚。"

到了近现代，随着交通的发展、各种交通工具的涌现，清明节的假期开始缩短。

到了2008年，清明节被正式确立为国家法定节假日，它的文化传承进一步得到巩固。

"又是清明雨上，折菊遥寄你身旁，把你最爱的歌来轻轻唱……"今天的清明节，伴着许嵩的《清明雨上》，我们依然满怀敬重，那些属于你的习俗也是属于我们的文化与涵养，我们会一直跟随你，走过今后的每一个清明雨上。

清明节，着两层朴实而柔软的外衣——我国二十四节气之一和我

国传统节日之一，它在历史的长路中缓缓行走。作为节气，它知冷知热，朴实温暖，受人们爱戴；作为节日，它囊括了上巳节的水边祭祀、招魂续魄、春嬉和寒食节的扫墓、蹴鞠、荡秋千等诸多习俗，受人们尊敬。一朝一夕、一年一度，在一个个清明时节，它越来越了解自己，摒弃不适的，留下合适的，它越来越趋于完美。

清明节历史发展不可不知的常识：

1. 上巳节早在春秋末期就已形成，起初节日定在农历三月上旬的巳日，魏晋后改为农历三月三日。它的水边祭祀、招魂续魄这两种习俗在魏晋之后逐渐消失。

2. 关于寒食节和清明节，古时有个有意思的传说，传说讲的是春秋战国时期介子推的故事。传说里清明节就在寒食节的后一天。

3. 扫墓这一习俗，据说早在先秦的时候就已经有了，那时这一习俗和清明并无多大干系，秦以后，它们才联系在一起。扫墓活动放在清明之际，于唐朝开始盛行。

4. 清明节是我国三大鬼节之一，另外的两个鬼节分别是农历七月十五和十月一日。

不可不知的中华节日常识（青少年版）

第四篇
端午节

香包丝线连，一针一线，记录着时光的流逝，也记录着我国的刺绣艺术，更记录着一双双灵巧的手。时光无影也无踪，可刺绣、香包等文化却循着它的足迹追寻而来，这才明白：原来文化本就是一束光，可以在黑暗中照亮前进的路。所以，无论路有多久多远，它始终都不会迷失自我，就像这端午节里的五彩绳和香包。

第一章　翩翩龙舟渡

一地一龙舟，一舟一特色，千百年来，赛龙舟以它独特的魅力和风味吸引着人们的眼球，也吸引着人们的真心，为我们的端午节增了不少彩，也为全球的娱乐竞技润了不少色。看来这文化的魅力果然无限大，它犹如那蒲公英，飘到哪里，便为哪里播下了一片种子。

虽然翩翩渡龙舟这一画面，我们并不是唯有在端午节才可以看到，但是现在每每提起"龙舟"这两个字，很多人首先想到的一定是端午节。如今，龙舟这两个字，好像已经和端午节连在了一起。

端午节又叫龙舟节，作为它的主要节令习俗之一，赛龙舟这一活动在我国存在的时间极为长久。关于它的起源，说法众多，其中广为流传的为纪念屈原、伍子胥、曹娥和百越族这四种。

在《史记》的记载中，屈原是春秋时期一位德才兼备、忧国忧民的大忠臣。因其主张得到权贵的反对而被流放，后来国家灭亡，他选择在农历五月初五投汨罗江而去。这么一位圣人死去，百姓心中自是悲痛不已，前去吊唁，更有渔夫划船打捞其身，可是他们一直追到洞庭湖也不见圣人的影子，只好作罢。

滔滔江水，一去不复返，如圣人一般，人们真怕他坠入江水中的身子被鱼虾所食，便想到在五月初五这一天用划船来驱赶鱼虾的方法，同时也有拿着食物和拿雄黄酒的驱赶方法，因此这喝雄黄酒、划龙舟便成了端午节的习俗。

关于纪念屈原这一说法，古时有众多诗人为其作诗，如"节分

端午自谁言？万古传闻为屈原。""竞渡深悲千载冤，忠魂一去讵能还。国亡身殒今何有，只留离骚在世间。"也有不少文献有相关记载，如《隋书·地理志》的："其迅楫齐驰，棹歌乱响，喧振水陆，观者如云。"刘禹锡的《竞渡曲》自注："竞渡始于武陵，及今举楫而相和之，其音咸呼云：'何在'，斯沼屈之义。"就是在今天我们在湖南省的汨罗市等诸多地方都可以看到屈原的寺庙。

传说中，伍子胥是春秋战国时期楚国人，后为报楚王的杀父杀兄之仇，投向吴国，忠心谏言，反被小人诬陷，最终被赐死，死后又被小人于农历五月初五抛尸江中，后人便在每年的这一天用渡龙舟的方式予以纪念。

曹娥，乃是东汉人，据《后汉书·列女传》的记载，她本是投江死去的，但是民间流传下来的说法却与记载不一致，如今被广大人们认可的当是民间的流传。

在人们口中，曹娥是个不折不扣的大孝女，她因久久寻觅溺江的父亲，杳无音讯，便在五月初五这一天投江。值得惊奇的是她投江后五日便抱着父亲的尸体回来了，这份父女情感人至深，后传至知府，还特意为她立碑，予以赞颂，人们为了纪念她，便有了五月初五划龙舟的习俗。

关于孝女曹娥，现在她的墓在浙江绍兴可以看到，并有专门为纪念她而修建的寺庙，还有以她名字为名的曹娥镇、曹娥江。

关于古时百越族的说法，目前都是从一些相关的文物和考证中所得到的信息，历史上并无相关文献的记载。

通过专家们的苦心研究，现在有了以下的推测：说是百越族是一个非常崇拜龙图腾的部族，而端午节是他们创立的用来祭祀祖先的节日，这赛龙舟就是祭祀活动中的一项。关于这一说法，著名诗人、学者闻一多先生在他的《端午考》和《端午的历史教育》中有详细的论述。

不过不管是屈原、伍子胥、曹娥，还是百越族，有句话说得好，"英雄不问出处"，无论是源于哪里，现在我们看到的是渡龙舟作为端午节的主要习俗之一，一直被广为流传发展。

在 2010 年它成为了广州亚运会正式的比赛项目，次年五月，它又被列为第三批国家非物质文化遗产名录。这文化源于华夏、生于华夏也长于华夏，能取得这么傲人的佳绩，都是民族文化结出的硕果。

"天子乘鸟舟，龙舟浮于大沼。"先秦古书《穆天子传》中出现的一次龙舟是最早的。后来，《九歌·湘君》中又出现了"驾飞龙兮北征，遭吾道兮洞庭""石濑兮浅浅，飞龙兮翩翩"的"飞龙"一词，《楚辞·涉江》中也有"乘舲船余上沅兮，齐吴榜以击汰。船容与而不进兮，淹回水而凝滞。朝发枉渚兮，夕宿辰阳"的记载，这一切都和龙舟颇有渊源。

赛龙舟除了传说中的纪念意义外，还有很强的娱乐性质，《旧唐书》有曰：穆宗、敬宗，均有"观竞渡"之事；《东京梦华录》中则记载得更为详细，那龙舟样式居多，有彩色的、小的、大的、龙头、虎头……均参与竞赛，娱乐性质很强。

到了明清之际，端午节的赛龙舟更加兴盛了，它不仅出现在端午节这一天，持续的时间可增加了不少，当时有"四月八日揭篷打船，五日一日新船下水，五日十日、十五日划船赌赛，十八日送标"的说法，由此可见那时赛龙舟活动的盛况空前了。

这么流行的赛龙舟活动，人们自然也不舍得让它独自寂寞，便让龙船歌陪着它，作为陪伴，龙船歌也是颇为流行的。在湖北还有那集当地民歌与号子为一体的雄浑壮美之音。在广东的南雄县龙船歌历时很长，从龙船下水一直到端午，它都始终陪着龙舟。

"扒龙船"是划龙舟的又一个名字，古时在广东、台湾等闽南地区流传广泛。这一活动在赛龙舟前，要先请龙祭神打头阵。因有了祭祀

的礼仪，所以这活动的时间便长了些。一般始于农历五月初一，终于五月初十。

"迎水神"是"扒龙船"的第一项活动，农历五月初一就要在水边进行，待到了五月初五中午，锣鼓喧天，有专人抬龙船到河边，很多居民看到都烧香祭拜。俗语有"五月五，龙船鼓，清街路"，描绘的就是这一画面。

闽南人对赛龙船这样郑重，那作为和赛龙舟活动颇有渊源的屈原故乡湖北秭归县更是不会怠慢。在湖北省的秭归县，那里每年的端午节龙舟会都要举行祭屈原仪式，阵势相当大。

祭屈原这仪式，历史非常悠久，分公祭和私祭。

祭祀活动一般是在屈原祠或沱江边进行的，有大型祭坛，备有全猪、全羊、瓜果点心等祭品，还有写着"屈原大夫魂兮归来"的挽联。

祭祀时，鼓箫齐全，待乐声响起，先由主祭官诵读祭文，然后还有学童诵读屈原的文章，接着参加龙舟赛的领队就会扛着龙头，对着屈原的雕像或者牌位进行祭拜，人们也跟着焚香祭拜。

一南一北，各有千秋，除了那祭祀的纪念，也有不少地区的端午节赛龙舟活动独具特色。

位于福建省福州市的闽侯县有一些村子，就有专门由女子组成的女子龙舟队进行的女子龙舟比赛。时代在进步，男女平等，女人也能撑起半边天，她们打破这里女子不能参加龙舟赛的旧俗，用勇气为我们呈现了属于女子的特色。

夜里划龙舟是福建长乐市三溪村的端午节习俗，这里的人们每到端午节时，都在夜晚举行划龙舟比赛。之所以选择在晚上这个时间，据说是因为古时这里的人们非常重视农作物，而端午节又正值农忙，为了不耽误劳作，他们便把划龙舟安排在夜里进行了，后来就一直流传了下来。

为了这龙舟比赛，三溪村的人可是早早就忙碌起来，从四月初开始，他们就着手制造龙船，为端午节的赛龙舟活动做足了准备。端午到来，日落月出之际，村子立时热闹得不得了，伴着锣鼓声、呐喊声，村中溪边两岸挤满了人。届时，船在溪中走，人在岸上赞，这个夜晚真是热闹到了极致。

......

一地一龙舟，一舟一特色，千百年来，赛龙舟以它独特的魅力和风味吸引着人们的眼睛，也吸引着人们诚挚的心，为我们的端午节增了不少色彩，也为全球的娱乐竞技润了不少色。看来这文化的魅力果然无限大，它犹如那蒲公英，飘到哪里，便为哪里播下了一片种子。

端午节渡龙舟习俗不可不知的常识：

1.关于渡龙舟的起源，古今说法颇多，文中只是简单地介绍了较为广泛的四种。

2.渡龙舟来源的说法因地而异，如文中所介绍的几种，屈原纪念说在湖南、湖北等广大地区较为广泛；曹娥纪念说在江浙一带较为广泛；伍子胥纪念说在江苏一带较为广泛。

3.端午节是我国传统节日中别称最多的一个节日，有"重午节""端阳节""菖蒲节""龙舟节"等二十余种叫法，每种叫法也都有相对应的说法，文中并未多作介绍。

4.关于"扒龙船""祭屈原"等渡龙舟前的祭祀活动，在古时比较兴盛，为人们所重视，现在渡龙舟以娱乐为主。

第二章　丝线香包连

香包丝线连，一针一线，记录着时光的流逝，也记录着我国的刺绣艺术，更记录着一双双灵巧的手。时光无影也无踪，可刺绣、香包等文化却循着它的足迹追寻而来，这才明白：原来文化本就是一束光，可以在黑暗中照亮前进的路。所以，无论路有多久多远，它始终都不会迷失自我，就像这端午节里的五彩绳和香包。

香包这可人儿的东西，名字倒是不少，古时又叫容臭、香袋、香囊、香缨、佩帏，今时又名荷包。历时古今，回过头来看，这些称谓一个个的大多和它挺配的，但香臭势不两立，唯独容臭这个名字让人觉得太过别扭。

容臭，这个名字是香包打娘胎里出来时便有的，里面装的是江离、辟芷、秋兰这些香草，这在屈原的《离骚》中曾有记载"扈江离与辟芷兮，纫秋兰以为佩"，只是早在那时它仅仅是一种配饰而已。

如同它的名字一样，香包的作用也是不少的。

汉代的时候，香包的佩戴已经和礼仪有了一定的联系，《礼记·内则》有云："未成年男女，晨昏叩拜父母，必须佩戴香包。"由此可见，那时香包的佩戴已经较为广泛了。

到了唐宋，香包的装饰作用日益凸显出来，成了大多数女性的专属用品。不过值得说明的是，这个时期的香包可不能与荷包混为一谈，此时的荷包类似于我们现在背的包包，主要作用是盛物的。

明清时期，香包摇身一变，成了现在的玫瑰——爱情的附属品，这一点我们在相关的文学作品和影视作品中都可以看到。犹记得当初宝玉和黛玉还因为送香包之事闹过别扭呢。

一步步迈进，一点点向前。到了近现代，香包是牢牢地与端午节拴在了一起。端午节在农历五月初五，那个时候该苏醒的蚊虫都苏醒了，与此同时，它们还带了一些病菌，这些玩意儿的讨厌程度，现在的我们也是深有体会的。为了少受其害，当时的人们便把雄黄、艾草、菖蒲等具有杀菌、驱虫效果的东西捣鼓成粉末，作为香料装入香包中，用来佩戴，以便驱虫杀菌，祛邪祈福。这里的祛邪一说则源自古时端午节的另一个习俗——避五毒。

古时候，人们将五月又称为毒月，按照明朝田汝成的《西湖游览志馀·卷二十·熙朝乐事》中说："端午为天中节，人家包黍秫以为粽，束五色彩丝。"这记载虽没有说明端午节被称为天中节的缘由，却也道出了农历五月初五端午节又被称为天中节这一情况。

因为极阳，端午节这一天在人们心中也成了毒日、恶日，所以免不了要在这个日子里辟邪祈福，所以那装有辟邪之物的香包自然也就有了辟邪祈福的作用了。

与香包的名称和作用一样，古往今来，它的制作和佩戴方式也是颇多。

关于香包的制作，说起来是简单又复杂，简单到只需针线、香料、布匹这些东西便可组合而成，复杂到针法、布匹、香料，皆有十余种，每种都不同。

绣香包的针法极多，现在有平针绣、回针绣、直线绣、轮廓绣、锁链绣、人字绣、十字绣、扣眼绣、结粒绣、飞行绣、扇形绣、贴布绣等，那一针一脚，处处都彰显了我国刺绣这项传统艺术的精湛。

这香包的香料，有文献记载"端五日以蚌粉纳帛中，缀之以绵，

若数珠。令小儿带之以吸汗也"，看来除了我们熟知的艾草、菖蒲、白芷、芩草等略带中药性质的香草外，还有可以吸汗的蚌粉等。这么多料，也难怪它的作用会如此多。

那制香包的布匹，以前由于经济有限，自然不会太过奢侈，大多是做衣服剩下的碎布什么的。现在嘛，人人奔小康，布料也提了档次，从颜值到手感再到质感，皆是一大步的飞跃。端午节，那一串串的，丝丝滑滑，真是让人眼花缭乱、目不暇接。

香包的佩戴富含着颇多的文化意义，它如那果树，一个品种结一种果子，散发一种香味。孩子是活泼而有朝气的，所以其佩戴的香包的样式也是生机勃勃的，如动物猴子、鸡、老虎等；青年是开得极盛的鲜花，所以佩戴的多是富有特色和个性的香包；恋人是甜蜜的，所以佩戴的香包也是蜜糖味十足，样式如双鱼、双蝶、鸳鸯等；老年人稳重、务实，所以佩戴的多是有平安、健康之意的香包，如荷花、苹果、桃子等。

今时今日，香包的形状、种类更多，它成了小孩子的专属品，佩戴没了那么多讲究。在孩子眼里，它只是一个会散发香味的装饰品，在大人眼里，它也没那么多功效了。端午节前夕，他们带着孩子游走于诸多的香包中，挑挑选选，很多人会选择自己孩子的属相买一个，而也有的会依着孩子的喜好买一个。待到端午节给他们戴上，出去玩耍，浑身散发着香味，让人心情也愉悦了不少。

"五采谓之绣。"是《礼记》中说的用赤、黄、青、黑、白五种颜色的丝线来绣香包的意思，不过这线除了绣香包，它还可以扭在一起戴在手臂或其他地方，以表长寿，那时人们谓之长命缕。

这五色线虽无香味，却丝毫不逊色于香包，它的模样与戴法也不是唯一的。它有用五种颜色的线合成而戴在臂膀上的，也有在五色的绳子上面加一些金银的装饰物戴在脖子上的，也有把五色线稍微一折，戴在胸前的，也有把五色线编织成人物肖像戴起来的，有用五色线绣一些吉祥图案给长辈的……

"五月五日以五彩丝系臂，一名长命缕，一名续命缕、一名辟兵缯，一名五色缕，一名朱索，辟兵及鬼，命人不病瘟"，从东汉应劭的《风俗通·佚文》的这段描述中，我们可以看到这将五色线拧在一起戴在手臂上的端午节习俗，早在汉代就有了，而且一直延续着。

唐朝之时，皇帝还把这节令之物赐给百官，据历史文献记载："唐代宗兴元元年端节，宫廷曾赐百索一轴。"可见当时权贵对此物的重视，它的受宠程度可非寻常之物能比。

宋代时，《宋史·礼志十五》也有相关记载："前一日，以金缕延寿带、彩丝续命缕分赐百官。节日戴以入。"可见此时，这五彩丝线的地位不曾有动摇。

清代时这五彩线更成了当时人们的"宠儿"，大人、小孩，人人爱之，清朝富察敦崇在《燕京岁时记》中有记载："每至端阳，闺阁中之巧者，用绫罗制成小虎及粽子、葫芦、樱桃、桑葚之类，以彩线穿之，悬于钗头，或系于小儿之背。"

这样一步一步走着，它就到了现在，地位依旧不减，是端午节的主要习俗之一。如此能经得住时光的考验，定是闪闪发光的"真金"。

"真金"不假，它不光经得住时光的冶炼，还在冶炼中越发光彩夺目，更具有自己的个性与特色。

在以前的福建省邵武府，端午节时，已婚配的女性要把那五彩绳绑在头上戴的发钗上，未出阁的姑娘则要把五彩绳悬挂在背上，当时人们称之为"窦娘"，如今随着时间的推移，这习俗已渐渐消失。

在山东的日照，端午节时，大人要给小孩戴五色绳，这五色绳要戴得慎重，说是只有在此节过后下第一次雨，方才可以解下来，并要将其扔在雨水之中，否则就不吉利了。

在河南西部，大人也要给小孩戴五彩绳，手臂上、脚臂上甚至脖子上都戴着，流光溢彩的，而且这绳子还要戴到农历六月初六才能取下来扔掉，否则吉利之意就跑掉了。

香包丝线连，一针一线，记录着时光的流逝，也记录着我国的刺绣艺术，更记录着一双双灵巧的手。时光无影也无踪，可刺绣、香包等文化却循着它的足迹追寻而来，这才明白：原来文化本就是一束光，可以在黑暗中照亮前进的路。所以，无论路有多久多远，它始终都不会迷失自我，就像这端午节里的五彩绳和香包。

端午节戴香包、五彩绳等习俗不可不知的常识：

1.香包的样式非常多，每一种都带有它本身的意义，吉祥、礼仪、爱情等，文中所介绍的只是其中的小部分。

2.以前香包的做法非常复杂，尤其是上面的图案，需要绘制、刺绣等，每个步骤都要小心翼翼，在这一点上它充分展示了我国古代女子的心灵手巧。

3.五彩绳即五色丝线的制作和佩戴方式很多样化，尤其是在古时，因为赋予了特别的意义，所以佩戴时就格外讲究，这一点在现在已经简单许多了。

4.现在端午节的香包和五彩绳已经很少有人亲手制作了，大多是买现成的。那些现成的香包看起来很美观，但是它上面的图案大多并非人工所为，而由机器制作，很多方面不如手工的好。

第三章　艾草、菖蒲和蒜头

　　所有的文化亦是有灵气的。端午节中的菖蒲、艾草、斗百草等，无论它们是在时光中改变了抑或消逝了，它们的魂都还留存于世，留存在华夏的历史中，也留存在华夏子孙的心中。

　　有人说，无艾草、菖蒲不端午，没有艾草和菖蒲的端午节就不算是端午节了，这说法虽是夸张了些，不过仔细分析一番，并不是没有一点道理。

　　作为我国传统节日中别名很多的端午节，有三个别名都与那艾草、菖蒲有直接的关系，即女儿节、端礼节、菖蒲节。

　　"五月女儿节，系端午索，戴艾叶、五毒灵符，宛俗自五月初一至初五日，饰小闺女，出嫁女亦各归宁，因呼为女儿节。"明沈榜的《宛署杂记》中在描述端午节又被称为女儿节之缘由的时候，没有离开艾叶。

　　湘南地区一直以来都有一个端午节习俗，那就是在农历五月初五时举行的一个洗礼，即在门上挂艾叶，在洗澡水中泡艾叶，以驱赶疾病和蚊虫，因此那端午节又叫端礼节，这别名也没有离开艾草。

　　这菖蒲节就不用说了，直接以菖蒲命名，就是说有"血缘之亲"也不为过啊！

　　至此，再回过头来看，"无艾草菖蒲不端午"，这句话还真是说得有道理。不过，这艾草菖蒲与端午节的亲密程度，远远比我们了解到的要深得多，它们之间如鱼儿与水、鸟儿与天空、小草与阳光……已经到了生命相连的程度。

这般亲密无间，追其原因还与那驱邪避毒息息相关。艾草和菖蒲作为一种带有草药性质的药材，在端午节采之，功效时机最佳，当时还有"清明插柳，端午插艾"和"手执艾旗招百福，门悬蒲剑斩千邪"的俗语。

艾草有一点和端午节很像，那就是别名颇多，即冰台、遏草、香艾、艾蒿、灸草、医草、黄草、艾绒等。由于自带的芳草清香和驱寒等除病的"魔法"，它早早就被人们发现，当作这世间可以招福的"魔法棒"了。

在晋代的《风土志》中有一段关于它的记载："以艾为虎形，或剪彩为小虎，帖以艾叶，内人争相裁之，以后更加菖蒲，或作人形，或削剑状，名为蒲剑，以驱邪却鬼。"从中我们可以看出，它作为驱邪之物比菖蒲还要早，而且颇受人们欢迎。

在宗懔的《荆楚岁时记》中也有相关记载："鸡未鸣时，采艾似人形者，揽而取之，收以灸病，甚验。是日采艾为人形，悬于户上，可禳毒气。"可见这艾草治病又辟邪的功效。

"手执艾旗招百福"，因可以招福，那时的艾草多放置于门上。人们在端午节时将它采回来，仔细挑拣，整成一束，然后或插于门上或悬于门上，从而求一份安康。这一插一悬就是很多年。

那时还有一种流行于江南的"佩豆娘"习俗，这习俗将端午节的艾草与女性的头饰联系在了一起。《唐宋遗纪》中如是说："江淮南北，五日钗头彩胜之制，备极奇巧。凡以缯销翦制艾叶，或攒绣仙、佛、合、乌、虫、鱼、百兽之形，八宝群花之类。绉纱蜘蛛，绮縠凤麟，茧虎绒陀，排草蜥蜴，又螳蜘蝉蝎，又葫芦瓜果，色色逼真。加以幡幢宝盖，绣球繁缨，钟铃百状，或贯以串，名曰豆娘，不可胜纪。"可见它亦是越发普遍了。

这端午节艾草的普及一直延续到了现在。今天，在许多地方都有端午节去采艾草的习俗，尤其是农村，淳朴的人们把散发着淡香的艾草从野外割下来拿到家中置于一处，还有的人割得较多，便晒干一些装起来，或卖与他人或好生安置，以备以后再用。如今它虽没了辟邪之意，却着实是治病的良药。

经历了这么多年的"打磨"，艾草这块璞玉也变得漂亮了许多，各种功能尽数被挖掘，更加频繁地出现在人们的视野里——药店里以艾草为主要成分的艾灸贴穿着漂亮的"礼服"躺在那里，刚产下孩子的产妇的月子里，一些人泡脚的水中……这当真是端午节赐给我们的一份大礼。

相对于艾草，端午节的菖蒲别名也不少，即泥菖蒲、香蒲、野菖蒲、臭菖蒲、山菖蒲、白菖蒲、剑菖蒲、大菖蒲等。它本是一种水生草本植物，多生长于水田边或者沼泽地，具有极高的驱虫、治病之用。所谓的"门悬蒲剑斩千邪"和它这药用功效可是分不开的。

菖蒲作为一种药材而存在，时间也不短了，《本章纲目》中说："菖蒲气温，心气不足者用之，虚则补其母也。肝苦急，以辛补之是矣。"

端午节用来辟邪的菖蒲多和艾草黏在一起，有时被人们插或者悬于门上，有诗云："门前艾蒲青翠，天淡纸鸢舞。"有时被人们仔细整理修剪，以达蒲剑之效，《清嘉录》有云："戴蒲为剑，割蓬作鞭，副以桃梗蒜头，悬于床户，皆以却鬼。"有时被扎成龙头与艾草一起发挥作用，《帝京岁时纪胜》中曰"（端午）插蒲龙艾虎"。有时也被酿制成酒水在端午节里共饮，有词云："菖蒲酒美清尊共，叶里黄骊时一弄。"

菖蒲的药用价值在古时得到了较好的挖掘与利用，今天人们在古人的基础上又开发出了它的观赏价值，用以进行园林绿化。那叶子郁郁葱葱的菖蒲，端庄优雅地置于栽培它的土壤之中，不卑不亢，不骄不躁，真让人喜欢。

胡蒜有时也曾被作为端午节悬挂在门上用来避邪的物品之一，"戴蒲为剑，割蓬作鞭，副以桃梗蒜头，悬于床户，皆以却鬼"。《清嘉录》中的这段话写的正是它与艾草、菖蒲一起为人们"效力"之事。虽是附属品，有幸见证这一文化习俗，蒜头也是有福气的。

这艾草、菖蒲与端午节"心心相印"一场，作为"元老"，它们也留下了一些别的东西，如踏百草、斗百草这些娱乐性很强的游戏，而且在当时也是风靡一时。

斗百草又叫斗草，关于它的起源，《历代社会通俗事物考·尚秉和》中只提到"汉以前不见斗草之戏"，最早的记载出现在宗懔的《荆楚岁时记》中"五月五日，四民并踏百草，又有斗草之戏"。我们可以从中得知，在南北朝时期它已经成了端午节的一种节令活动了。

要说这斗百草的斗法，通俗一点说就是说一些对仗的花草名，一人一种，谁先词穷谁便是输，这种玩法在《红楼梦》第六十二回中有极为细致的描述：

> 外面小螺和香菱、芳官、蕊官、藕官、豆官等四五人，都满园中玩了一回，大家采了些花草来兜着，坐在花草堆中斗草。这个说："我有观音柳。"那个说："我有罗汉松。"那个又说："我有君子竹。"这个又说："我有美人蕉。"这个又说："我有星星翠。"那个说："我有月月红。"这个又说："我有《牡丹亭》上的牡丹花。"那个又说："我有《琵琶记》里枇杷果。"

这一段光是看的人就觉得有趣。

饶是因为有趣，这端午节的斗百草活动从魏晋南北朝一直到明清时期都被大众认可和喜爱，相关的文献记载和诗词更是数不胜数。

"晋谢灵运须美，临刑，因施为南海祇洹寺维摩诘像须。寺人宝惜，初不亏损。中宗朝，乐安公主五日斗草，欲广其物色，令驰骑取之。又恐为他所得，因剪弃其余，令遂无。"从《刘宾客嘉话录》中的这段描绘中，我们可以看出，这个时期斗百草的玩法与《红楼梦》中并不同，它斗的是品种数量，谁采的花草多谁就赢了，而当时的权贵也是如此钟爱这活动，为了赢一场真下了不少功夫。

明朝时，高启有《斗草》一诗："摘拾遍丛丛，铺茵曲槛东。众家谁得？胜独有并红。"从这颇具韵味的字句中，我们可以看到，这时斗百草的玩法和唐朝相似，众人摘拾，好生热闹。

清朝时，画家金廷标为这斗草活动留下了宝贵的墨迹，他作《群婴斗草图》，图上还留了乾隆皇帝的题诗——垂杨奇石草芊葼，红绿倾篮斗贾低。赤子之心爱生意，名言那识有濂溪。

这幅画犹如一台时光机，一下子将我们带回彼时，让我们观看了一场小孩子之间的斗草比赛，有趣极了。

跟着时光机回到现在，斗百草又没了身影，真要感谢古人的妙手神笔，为我们将它的魂魄留了下来，让它不至于魂飞魄散。看不到它的真身没关系，我们可以在文字中感受它灵魂的气息。

而所有的文化亦是有灵气的。端午节中的菖蒲、艾草、斗百草等，无论它们是在时光中改变了抑或是消逝了，它们的魂都还留存于世，留存在华夏的历史中，也留存在华夏子孙的心中。

端午节采艾草、种菖蒲、斗百草等习俗不可不知的常识：

1. 艾草有很多别名，这些别名有些是因为地域不同而叫法不同。

2. 艾草本身具有很高的药用价值，而在端午节这个时候，它的含油量最高，药用价值也最高，功效最好，所以端午节人们争相采艾也是有一定原因的。

3. 菖蒲的药用价值，目前有很多资料都有提及，而且略有不同，文中提到《本草纲目》的记载只是一种，仅代表一种说法。另外因为古时菖蒲被视为天中五瑞之首，象征可以驱除邪气的宝剑，又因其叶片为剑形，所以多被称为"蒲剑"。

4. 斗百草在每个时期的玩法都有差异，并不完全相同。它还分文斗和武斗，武斗在《诗经》中便有记载，只是和端午节关系不大，所以文中并未提及，文中所介绍的皆是文斗。

第四章　齐心协力求平安

　　江浙地区有句俗语"端午节，天气热；五毒醒，不安宁"。也许正是因为俗语中道出的原因，端午节的采药、饮酒、沐浴、贴符、制桃木等习俗才与祈求平安联系在了一起。不过不管是何原因，求平安都是我们生生世世不会丢掉的主题，而端午节也如此，它终将会伴着平安两个字，一直陪着我们的文化长河流传下去。

　　平安是福，古往今来，没有一个人不在祈求它，它像是黑云翻墨后的一场雨，滴在大地的每个角落，渗透在人们的生活中、节日里……

　　端午节既离不开艾草、菖蒲这些草药，那自然也离不开祈求平安。人们将自己的祈求寄托在各种各样的活动中，采药、饮酒、沐浴、贴符、制桃木……可谓内外兼顾，不会放过任何一个保平安的机会。

　　端午节的采药之俗，《夏小正》有记载："此日蓄药，以蠲除毒气。"《荆楚岁时记》中也有记载："五月五日，竞采杂药，可治百病。"由此可知，它作为端午节的节令习俗在时间上是很早的。

　　端午节的采药既采植物又"采"动物，这植物说白了就是带药性的花花草草，包括之前提到的艾草、菖蒲。动物中，蟾蜍比较受欢迎，这一点魏晋时期的《齐民要术·杂记》中就有相关记载，后来日渐广泛，流传到不少地区，只是"采"法不一。

　　端午节捉蟾蜍制药，有的地方人们是取它皮肤上的分泌物来制蟾酥，有的地方用蟾蜍制蟾蜍锭，即将墨锭塞入所捉蟾蜍的口中，然后将其晾干，据说有消肿的作用。

端午节饮酒，种类很多，皆为药酒。如菖蒲、朱砂、雄黄……

以菖蒲制酒，早在《荆楚岁时记》中就有记载："以菖蒲（多年生草本植物，生在水边，地下有淡红色根茎，叶子形状像剑，肉穗花序。根茎可做香料，也可入药）或镂或屑，以冷酒。"那带着一缕清香的酒入肚，着实爽心。

朱砂酒在古人心中的驱邪避毒作用是极好的，明朝冯应京在《月令广义》中说："五日用朱砂酒，辟邪解毒，用酒染额胸手足心，无会虺蛇（古书上说的一种毒蛇）之患。又以酒墙壁门窗，以避毒虫。"

端午节的雄黄酒也是颇为有名的，人们将其研成粉末泡于酒中，用来遏制百虫，如蛇蝎等。真感叹古人的聪慧，雄黄本就有杀虫作用，如今在很多杀虫剂的成分中都可以看到它的名字，这"善能杀百毒、辟百邪、制蛊毒，人佩之，入山林而虎狼伏，入川水而百毒避"本就是它的特性，所以古今通用。

雄黄又名"鸡冠石"，是一种硫化物，而雄黄酒并不是纯雄黄酿制的酒，只不过是取少量雄黄加入酒中而已。而"饮了雄黄酒，病魔都远走"这句古语认真品味起来并不是万能的，它在孩子面前就行不通，因此便有了"画额"一说。

画额，就是用雄黄酒涂在孩子的额头上，这"画"也是多样的。有在孩子额头上画"王"字的，也有在耳鼻等地方点一下的……具体画法因时因地而异，这习俗在端午节很是普遍，有不少相关文献的记载。如：清朝富察敦崇的《燕京岁时记》中的"每至端阳，自初一日起，取雄黄合酒洒之，用涂小儿领及鼻耳间，以避毒物"和《河曲县志》中的"端午，饮雄黄酒，用涂小儿额及两手、足心……谓可却病延年"。

不过雄黄、朱砂最早嗅到酒香并不是以主角的身份存在的，而是

陪在菖蒲身边的一个配角，明朝谢肇淛的《五杂俎》有云："饮菖蒲酒也……而又以雄黄入酒饮之。"然而，当好了配角才能当主角，庆幸雄黄、朱砂最终都成为了主角，与菖蒲一起出现在现代都市的舞台上。

现在，在端午节前夕，很多地方都有出售雄黄、朱砂、艾叶、菖蒲等制成的药料，它们被包装得小巧精致，不少人都会心生爱意，小心翼翼地将其"带"回家。待到端午节，将药粉中滴些酒，给孩子的肚脐、耳洞、鼻孔等地方略微滴一些，希望蚊虫和疾病都远离之。

沐浴这件平常事，到了端午节就变得不一般了，它和端午节的起源还有联系。

在《礼记》的记载中，端午节是源自周代时的蓄兰沐浴，因此又得了"浴兰节"这个别称，同时也留下了不少"纪念"。《大戴礼记》中说："五月五日蓄兰为沐浴。"《大戴礼记·夏小正》中说："五月，……煮梅，为豆实也，蓄兰为沐浴也。"屈原的《九歌·云中君》中说："浴兰汤兮沐芳，华采衣兮若英。"宗懔的《荆楚岁时记》中说："五月五日谓之浴兰节。"

不过，这端午节兰汤沐浴中的兰，指的是菊科的佩兰，而非我们所说的兰花。这东西对皮肤有利无害，却也实用，直到现在还被一些地方保留着。

只是现在人们的沐浴，煎的"料"就多了，艾草、菖蒲、凤仙、白玉兰、柏叶、大风根、桃叶等，都可以煎而洗之。

在江西南昌府，这沐浴还被叫做"开眼"，那里的端午节，人们用百草水沐浴，据说可以防止皮肤病。

另外，在湖北秭归县的一些地方，端午节时，大人会在太阳底下放一盆水，待水被晒热，便用此水给小孩洗澡，也是一种独特的沐浴方式。

贴符祈平安和古人所接受的各种思想密切相连，农历五月初五是端午节，也是古时被称为五毒即蛇、蝎、蜘蛛、蜈蚣、蟾蜍出没频繁的时候，为了避免被它们所伤，贴符便出现了。

这符其实就是画着五种毒物的图，需用红色的纸，然后再用针扎在图上的五毒身上，用以驱除。与此同时，那时还有在衣服上绣五毒，在饼上画五毒，而用来避免伤害。

宋代时，贴符的种类颇多，什么"天师符""五雷符""纸符""五毒符""五瑞符"等纷纷而至，用来保平安，《岁时杂记》中说："端午，都人画天师像以卖。"

贴符虽是无效，但是对于古人来说，想必也是一种祈求安康吉祥的心理安慰。

和贴符略微有些相似，有的地方还在端午节贴或悬挂钟馗画像，来祈求这位神人将不吉利的东西都从自家赶走，这习俗在台湾也有，寄托了人们满满的求吉祥、求平安之愿。

古时桃木在人们的心中也算是件"圣物"了，它具有驱鬼保平安的作用。《续汉书·礼仪志》有记载："朱索、五色桃印为门户饰，以止恶气。"后来人们眼中的吉祥物——吉祥葫芦便是它的产物。

因有了那特殊的作用，桃木便常常被人们用于各种驱邪的场合，端午节便是那诸多场合之一。《梦粱录》有记载"士官等家以生朱于午时书'五月五日天中节，赤口白舌尽消灭'之句"，《燕京岁时记》也有记载"端阳日用彩纸剪成各样葫芦，倒粘于门阑上，以泄毒气"。由宋到清，看来这桃木陪端午节的时日也不短啊！

江浙地区有句俗语"端午节，天气热；五毒醒，不安宁"。也许正是因为俗语中道出的原因，端午节的采药、饮酒、沐浴、贴符、制桃木等习俗才与祈求平安联系在了一起。不过不管是何原因，求平安都是我们生生世世不会丢掉的主题，而端午节也如此，它终将会伴着平安两个字，一直陪着我们的文化长河流传下去。

端午节采药、贴符、制桃木等习俗不可不知的常识：

1.端午节的采药习俗，也是因为那个时候正值很多药材叶茎成熟、药性较好，正是采摘的好时机。

2.画额这一习俗，很多地方在小孩额头上画"王"字，有借虎百兽之王的威名用来镇邪的意思。

3.端午节除了贴、悬挂钟馗画像，还有跳钟馗、闹钟馗的习俗。钟馗这一人物形象在人们心中的至高地位，源自于他为唐明皇斩除邪妖的传说，这传说在沈括的《梦溪笔谈》中有详细记载。

4.桃木在不同时期不同地方有不同的用法，文中介绍的只是个别时期个别地方的用法，并非全部。

第五章　美食香飘飘

　　"包中香黍分边角，彩丝剪就交绒索。樽俎泛菖蒲，年年五月初。主人恩义重，对景承欢宠。何日玩山家，葵蒿三四花。"陈与义用一首《菩萨蛮·荷花》向我们展现了一个端午节。而以粽子为代表的节令食品作为其中的一部分，不管是泛着微光的星星还是耀眼的明月，它们都尽自己的全力，散发着文化之"光"与文化之"香"，为端午节添了一种别样的味道。这味道香醇浓厚，足以让我们品味生生世世。

　　粽子与端午节的不解之缘，说起来与屈原的关系还是很大的。传说屈原死后，人们打捞不到他的尸体，为了避免尸体被水中的鱼、虾、蟹所食，便有渔人将饭团等吃食扔进江里喂鱼、虾，同时，人们又怕这饭团被蛟龙吃了，便想出一个办法——用楝树叶在饭团外包着，再缠以彩色丝线，后来这种"改良版"的饭团便成了粽子，成了农历五月初五端午节的节令食品。

　　古人真是颇具风趣，连吃粽子时也不忘玩耍一番，比赛一下谁解下的粽叶较长。因此，端午节又得了解粽节这个别称。

　　粽子又名角黍。它的起源较早，在春秋时期已有记载，只是那时它还只是人们祭祀祖先、先贤和神灵中的诸多食品之一，与端午节并无真正的关系。

　　到了晋代，粽子才被正式定为端午节的节令食品。这时它更加注重自己的内在美，馅儿除了糯米，还添了不少东西。《风土记》中不仅说"仲夏端午，烹鹜角黍"，还说"五月五日，与夏至同，……先此

二节一日，又以菰叶裹黏米，杂以粟，以淳浓灰汁煮之令熟"。

也许是沾了屈原先生的光，也许是味道至美，粽子成了端午节的节令食品后，从里到外，备受世人关注。从古跨越到今，它全心全意将自己融入端午节之中，既是节令美食之一，又是节令文化之一。

肉、板栗、红枣、赤豆等在南北朝时期纷纷"走"到馅儿中，与黍米做伴，增加了粽子的"内涵"。那时，随着"内在"的不断提升与完善，粽子又多了一重作用——人们交往中的礼品。

在唐朝，"白莹如玉"这个词用在了粽子的米上，想来那时的粽子之"质"是更上一层楼了。如玉的白配着它与生俱来的香，那时吃粽子定是一种享受了。

"时于粽里见杨梅"——文学家兼美食家苏东坡用这句话将宋代粽子的"巧"与"俏"描绘得淋漓尽致，将果品与米融合在一起，届时，米香、果香、叶子香，香气满溢，让人馋涎欲滴。

如今，人们在古人的基础上，继续装扮着粽子，从里到外，都让它变得五彩缤纷，在属于它的地方大放异彩。

与老北京的大气不同，那里的粽子是小巧而精致的，呈斜四角形，馅儿以豆沙、红枣等甜的为主。个别地方也吃大黄粽，米黏味香，如老北京古城一般有味道。

故都西安，端午节的蜂蜜凉粽特色十足，韵味也十足。早在唐朝时，它就被很多人记录了下来，段成式的《酉阳杂俎》中说："庚家粽子，白莹如玉。"那时它还是一道佳肴，曾经是盛行一时的"烧尾宴"上的一"员"。因为太受吹捧，彼时的长安甚至有了相关的店铺，元稹作诗"彩缕碧筠粽，香粳白立团"，《岁时杂记》中也说："端午粽子名品甚多，形制不一，有角粽、锥粽、菱粽、筒粽、秤锤粽（又名九子粽）。"由此可见，在当时，这粽子已经颇具盛名了。

这蜂蜜凉粽倒也不负美名，不负韵味。除了芳香、味美，它还营养丰富，对人的健康也是有好处的。炎炎夏日，解开形似菱角的它，拿一根丝线或是一把刀子，轻轻地将其割成一块块的，放入盘子里，然后根据个人喜好，将蜂蜜、玫瑰或桂花糖浆撒在上面。块块下肚，暑热感会有所消减，这解暑的功效也是值得称赞的。

豫西山区的槲包即槲坠，无论是从外形，还是制作工艺，在这大江南北中都堪称一绝。它呈长方形，两个捆在一起，吃时需分开。它的制作工艺极其复杂，从采叶、选馅儿到制作、水煮，都是讲究得很。

包槲包的叶子叫槲叶，即槲树上的叶子，这树一般生长在山林里，所以人们要在它成熟之际去山林里采摘。这槲叶采回来是绿色的，大小不一，形似花瓣，有一股淡淡的清香，被称为食品的最佳包装，在《本草纲目》中还有记载："槲叶，气味甘、苦、平，无毒，具有止血、止渴利小便的功效。"

这么好的叶子，人们将它采回来后，也是马虎不得，先将其用水洗干净，然后放入锅中煮一下，待叶子变为褐红色，方才捞出，晒干并做以整理。

好的叶子自然要配好的馅儿，这槲包要用小米做馅儿，里面再根据个人喜好，加一些小豆、红豆、豌豆、板栗、大枣等配料，模样甚是花俏。

"皮、馅儿"准备好了，这槲包的制作也要开始了。包槲包至少需要两到三人，包时，需要先挑选两片槲叶脸对脸放入手中，根部朝外，然后视情况再在两侧加一些槲叶。槲叶摆放好之后，再用另一只手捞上泡在水里的"馅儿"放在上面，包成长方形，包好一个后，需要一人护着，避免散开，待再包好一个之后，才能将两个拴在一起，用绳子捆着。

所有的槲包包好，便轮到煮槲包工程了，找一个大锅，添上水，将所有的槲包没过，用火煮十二个小时以上，方才可以出锅。这时，历时数日的成果出炉，香味弥漫了整个院子……

湖南汨罗，这个传说中粽子的发源地，粽子自然也是带着几分名气，那里端午节的粽子种类极多，其中最负盛名的要数"烧肉粽"了，这粽子要选上乘的糯米，三层肥瘦相间的大肉，再配以香菇、虾米等东西，味之美可想而知。

"斯文满口老冬烘，一世青衫不道穷。解得人间真味道，米家书画汇昌粽"，陈国明的一首诗《食汇昌粽子》，道出了杭州百年汇昌店中粽子的特色。它叫"塘栖粽"，以五花肉、绍兴酒、香糯米、青竹叶、土灶头、铁锅子等组成，焖为主、煮为辅而熟，应了"千滚不如一焖"这句俗语。

浙江湖州的粽子，特色在于它的外形和名称，这个鱼米之乡连粽子也是美的，它呈枕头形，精美而小巧，所以被叫做枕头粽或美人粽。

浙江嘉兴的粽子名气颇大，有"东方快餐"的称号，那里的粽子品种也不少，什么鲜肉、豆沙、八宝粥等俱全。不过其中最有名的就是被誉为"粽子之王"的鲜肉粽了，这"天下粮仓"出来的糯米和肉类，滋味就是不同凡响。

犹记得纪录片《舌尖上的中国》中那让人无法抵御的色香味。嘉兴粽子用它的实力形成了属于自己的文化，那里的粽子节比赛、粽子文化主题博物馆……每一处都值得人留恋。

……

农历五月初五的端午节，粽子在每个地方都飘着它浓浓的独特香味，这节令食品"担当"得甚是称职，它如同圆月，点缀着端午节的夜空，然而在这圆月旁边也有一些星星，它们虽不如月亮耀眼夺目，却也曾围着这片夜空发出属于自己的光芒，点缀着端午节。

黄瓜、黄鳝、黄鱼、鸭蛋黄、雄黄酒在江浙地区搞了一个组合，叫"五黄"，这"五黄"作为端午节的节令食品，它们也是"忠于职守"，发着属于自己的光。

"煎堆"是端午节闪亮在福建晋江地区的一颗星，那里的人们在端午节那一天用面粉、米粉或者是番薯粉配以调料煎之而食，俗称吃煎堆。

……

"包中香黍分边角，彩丝剪就交绒索。樽俎泛菖蒲，年年五月初。主人恩义重，对景承欢宠。何日玩山家，葵萱三四花。"陈与义用一首《菩萨蛮·荷花》向我们展现了一个端午节。而以粽子为代表的节令食品作为其中的一部分，不管是泛着微光的星星还是耀眼的明月，它们都尽自己的全力，散发着文化之"光"与文化之"香"，为端午节添了一种别样的味道，这味道香醇浓厚，足以让我们品味生生世世。

端午节粽子等节令食品习俗不可不知的常识：

1. 吃粽子这一习俗，现在流传极为广泛，已经从我国流传到了朝鲜、日本、东南亚等国家。端午节粽子的种类非常多，甜、咸、肉、素应有尽有，文中只是介绍了一些比较具有代表性的和特殊的。

2. 端午节在我国是举国同庆，不光汉族庆祝，少数民族同胞也庆祝，他们也有自己的节令食品。如：吉林省延边的朝鲜族人民，他们那里端午节都会吃打糕。

3. 江浙一带端午节的五黄也有其他的说法，例如黄瓜、黄鳝、黄鱼、鸭蛋黄、雄黄酒中的鸭蛋黄也可以用黄豆来代替。

4. 福建晋江地区的端午节吃煎堆还有一个传说。说是这里端午节的雨较多，需要"补天"，传说人们在这一天吃煎堆，便可以补好天，让雨停止。

第五篇
七夕

"纤云弄巧，飞星传恨，银汉迢迢暗度。金风玉露一相逢，便胜却人间无数。柔情似水，佳期如梦，忍顾鹊桥归路。两情若是长久时，又岂在朝朝暮暮。"秦观的《鹊桥仙》流传千古，传颂了女郎织女的爱情，也传颂了人世间的悲欢离合，这一切之于我们远在天边又近在眼前，就像千百年前翩翩而至的七夕，那传说，那崇拜……那一幕幕就在离我们不远不近的地方徘徊着。

第一章　翩翩而至

"纤云弄巧，飞星传恨，银汉迢迢暗度。金风玉露一相逢，便胜却人间无数。柔情似水，佳期如梦，忍顾鹊桥归路。两情若是长久时，又岂在朝朝暮暮。"秦观的《鹊桥仙》流传千古，传颂了女郎织女的爱情，也传颂了人世间的悲欢离合，这一切之于我们远在天边又近在眼前，就像千百年前翩翩而至的七夕，那传说，那崇拜……那一幕幕就在离我们不远不近的地方徘徊着。

　　七夕，农历七月七日，这个我们中国人现在的情人节，它其实并非只关乎那浪漫而又凄美的风花雪月，它也有很多的人世常情。从东汉时期诞生开始到 2006 年 5 月 20 日被列为第一批国家非物质文化遗产名录，历经洗礼，换了不少"艺名"。

　　乞巧，其实是七夕的本名，在它出世的汉朝时就有了。东晋葛洪在他的《西京杂记》中有记载"汉彩女常以七月七日穿七孔针于开襟楼，人俱习之"，描述的是古人穿针乞巧的习俗。

　　双七即重七这个"艺名"是由表象得来的，七月七，月为七，日也为七，两者皆七，也难怪会得那样一个名字。

　　香日这个"艺名"，光是"听"起来就觉得有爱情的味道。它是由牛郎和织女的相会而得来的，满是浓情蜜意。难得见一次如意郎君，织女自是疏忽不得，梳妆抹粉颇为讲究，香气飘万里，充斥着整个天空，真是处处皆"香"。

　　看到星期这个"艺名"，难免让人想到"迢迢牵牛星，皎皎河汉

女。纤纤擢素手，札札弄机杼。终日不成章，泣涕零如雨。河汉清且浅，相去复几许。盈盈一水间，脉脉不得语"。这首诗来。两颗心同在一片天空之上，你亮，我也亮，只可惜谁也抵挡不住那残酷的距离，由于位置特殊，它们一年注定只能相遇一次，这星期是它们久别重逢的日期，是属于牵牛星和织女星的。

巧夕这个"艺名"与本名乞巧靠得较近，是由乞巧的风俗而来，听起来也是较为亲切的。

节日的名字多和它的习俗分不开，除了乞巧、巧夕，还有女节和穿针节、小儿节亦是如此的。

女节即女儿节、少女节，这个"艺名"因为七夕有乞巧、赛巧、少女拜仙等节日活动而得来。

小儿节和穿针节这两个"艺名"，前者是因七夕中的乞巧等许多习俗都是由少女和儿童来进行的，故而得名；后者则是因为七夕有穿针的习俗而得名。故而这"艺名"皆是与七夕的习俗密不可分的。

兰夜这个"艺名"，来得有些遥远，曾经古时的七月又称"兰月"，所以这七夕便得了兰夜这个称谓。

虽然七夕拥有如此多的"艺名"，但是归根结底，一种艺名一种缘由，这些名字都是与七夕的起源是分不开的。

"牵牛在河西，织女处河东。万古永相望，七夕谁见同。"杜甫的一首《七夕》，道出了传说中那段凄美爱情的无奈。你在河东，我在河西，虽不是阴阳两隔，却终将难以相见，这是牛郎织女的幸，也是他们的不幸。

传说中喜鹊把"逢七相会"错听为"七七相会"，织女伤心不已，便责打了喜鹊。喜鹊为了弥补自己的过失，便在每年七月七日用自己的羽毛为牛郎和织女在银河上搭桥。

关于这七夕的起源，除了上述我们比较熟悉的传说之外，还有人们对自然、对时间、对数字、对生殖的崇拜。

"夜观天象"这四个字在古书中较为常见。而星星作为天象的一分子，也早早地被古人作为研究对象了。七夕的牵牛、织女星便是他们那诸多研究对象的其中之一。

关于牛郎、织女星，历史上的文献记载颇早，"耕"和"织"，一农一纺，这记载也基本上与农耕、纺织同步。由此看来，古人对星象、天文的重视与崇拜可能不下于农耕。当然，他们对星象的崇拜也并非只表现在牵牛、织女星上。

北斗七星相当于人们夜里的"指南针"，名气颇大，是我们所熟悉的，它亦是源于星象。"二十八宿"，东西南北四个方位，各有七颗，其中以北斗七星最是明亮，这辨方位的方法虽然今时已没有多少人识得，却仍是古人在星象崇拜中留给我们的智慧结晶。

魁星又名魁首，是北斗七星中第一颗星星的称谓，后来随着科举制度的确立与实行，古时的状元郎也和魁字连在了一起，叫"大魁天下士"，从此这魁字与读书人联系在了一起。当时的人们把"魁星节"或者"晒书节"作为七夕的别称，也给七夕添了一个习俗——晒书。

现在的年轻人自我介绍经常会出现幸运数字这一栏，"七"与"吉"是谐音，也算是个吉利的数字了。在台湾，七月就被称为"喜中带吉月"，这样看来，七月七日，"双七"在一起，七夕在那里定是个吉利的节日了。

另外，"七"与日期的"期"同音，七夕是双七，自然会给人以时间感，又加之，"七"这个字还具有阶段性，很多事都以"七七"收尾。如：在很多地方人走了要从"一七"过到"七七"，每"七"亲人都要祭奠；除此之外我们现在计算时间的单位"周"，一周也是七天。细数这一桩桩、一件件，七夕确实满是古人对时间的崇拜。

算盘这个东西，不少人在小学的算术课上都有过接触，若是你仔

细观察，不难发现它的每列上的珠数都是七个，那一列列的，静静地躺在那里，等着人们用手去轻抚，宛如一个睡美人，神秘而温婉，就像我们的七夕。

七夕是双七，这"七"又和妻子的"妻"同音。这个同音好似注定了它这辈子与女性的缘分，它从生下来就为女性忙碌，它的许多习俗只与女性相关，如此带着女性的魅力的它，确实值得人们去崇敬。

"纤云弄巧，飞星传恨，银汉迢迢暗度。金风玉露一相逢，便胜却人间无数。柔情似水，佳期如梦，忍顾鹊桥归路。两情若是长久时，又岂在朝朝暮暮。"秦观的《鹊桥仙》流传千古，传颂了女郎织女的爱情，也传颂了人世间的悲欢离合，这一切之于我们远在天边又近在眼前，就像千百年前翩翩而至的七夕，那传说，那崇拜……那一幕幕就在离我们不远不近的地方徘徊着。

关于七夕节的来源不可不知的常识：

1. 现在一星期七天的计算方式和七夕来源的时间崇拜有一定关系。古时人们把金、木、水、火、土五大行星与日、月合在一起，称为"七曜"，它便是现在的一周七天的计算来源。

2. 七这个数字的吉利还表现在草书喜字的书写上，仔细看它的书写好似"七十七"连起来的样子，因此七十七岁这个双七的年龄也被称为"喜寿"。

3. 牛郎和织女的传说并非随着七夕的出现就有的，它是后来才以神话故事的形式渗入节日之中的。关于它的传说，民间各个地区都有自己的说法，文中仅为其说法中的一种，还有许多种说法并未介绍。

4. 《牛郎织女》《孟姜女哭长城》《梁山伯与祝英台》和《白蛇传》并称为我国古代的四大传说。唯《牛郎织女》与我们的传统节日七夕节有关。

第二章　巧夕"巧"俗

巧夕，七夕的这个别名真是不错，巧夕巧俗。不管是穿针乞巧、投针验巧，还是喜蛛应巧，它们都是我们的先人用来乞巧的一种方式，满载着他们的智慧与期盼。一路上，它们用自己的方式陪伴着七夕，被载入史册，为我们所认识、了解并熟悉，这是我们此生之幸。

乞巧、乞巧，祈求自己心灵手巧，这乞求想必是应了每个女子的心意。

七夕即巧夕的乞巧和织女是分不开的，古时女子不像现在穿梭于办公室，在职场中奋力向前，那会儿她们面对的不过是闺阁一间，对心灵手巧的定义也无非就是——做得一手好女红，什么编织、刺绣之类的才是她们人生的必修课。恰好织女就是符合她们心中这堂必修课的"老师"形象，因而被人们崇拜，同时七月七日也因此有了诸多与女红之巧有关联的习俗。

穿针乞巧是女性在七月七日这一天乞巧的一种方式，它始于汉朝。此习俗具体来说就是要女子在月光下将手中的线穿过连续排列的针，最终全部穿过并有一定的速度者才可"得巧"，这不仅有祈求之寓意，还有比赛之性质，集智慧与乐趣于一体，在历史上，曾广为流传。

东晋葛洪在他的《西京杂记》中说"汉彩女常以七月七日穿七孔针于开襟楼，人俱习之"，这简单的一句话，却道出了它在当时的受欢迎的程度。

南北朝末期顾野王在他所编的《舆地志》中说："齐武帝起层城

观，七月七日，宫人多登之穿针。世谓之穿针楼。"看来那时连最具权力的皇帝也重视起穿针乞巧这一习俗来，让其档次提高了不少。

五代时期王仁裕在他的《开元天宝遗事》中说："七夕，宫中以锦结成楼殿，高百尺，上可以胜数十人，陈以瓜果酒炙，设坐具，以祀牛女二星，妃嫔各以九孔针五色线向月穿之，过者为得巧之侯。动清商之曲，宴乐达旦。士民之家皆效之。"这时这穿针乞巧的习俗已经是极盛了，不过有那祭祀、乐曲做伴，它也不会有"高处不胜寒"的感觉。

元代时期陶宗仪在他的《元氏掖庭录》中说："九引台，七夕乞巧之所。至夕，宫女登台以五彩丝穿九尾针，先完者为得巧，迟完者谓之输巧，各出资以赠得巧者焉。"穿过这文字，我们看到，那时人们在固定的场所进行穿针乞巧，"得巧"者还可得资，比赛的性质越发凸显了。

这世上，很多事物盛到了极致，要么衰亡，要么蜕变，穿针乞巧属于后者，投针验巧就是它的"变体"。穿针、投针，两者皆有针字是有一定联系的，后者源于前者，却又有别于前者，它们"得巧"之方式是大有不同的。

投针验巧，就是在七夕的前一天将一个面盆放入井中，再倒入在白天和夜里所取之水的混合体，当时人们称为"鸳鸯水"，先放上一夜，再让七夕的太阳晒上一晒，然后方可"验巧"。

这"验巧"利用水在太阳长时间的照射下会形成薄膜的原理进行。"验巧"时拿出缝衣针，当时叫引线，将其放在水面的薄膜上，再看水中的针影如何，若它呈直线状，这就不能"得巧"了，若它呈弯曲或者是其他的形状，那么就是"得巧"了。这一习俗在明清时较为盛行，相关的记载也不少。

明代刘侗、于奕正在其《帝京景物略》中说："七月七日之午丢巧

不可不知的中华节日常识（青少年版）

针。妇女曝盎水日中，顷之，水膜生面，绣针投之则浮，看水底针影。有成云物花头鸟兽影者，有成鞋及剪刀水茄影者，谓乞得巧；其影粗如锤、细如丝、直如轴蜡，此拙征矣。"从中，我们可以看出当时出现的针影着实不少，各种各样，像是水中倒映的画一般。

《直隶志书》中也说："七月七日，妇女乞巧，投针于水，借日影以验工拙，至夜仍乞巧于织女。"从这一字一句中，我们也是能真真切切感受到这一习俗在人们心中的分量了。

明代沈榜在其《宛署杂记》中说："燕都女子七月七日以碗水暴日下，各自投小针浮之水面，徐视水底日影。或散如花，动如云，细如线，粗粗如锥，因以卜女之巧。"想那古代女子确实也是巧，一颦一笑，一举一动，所展现的皆是她们的巧，这巧不管在当时是验得还是验不得，在今人心中都是验得的。

喜蛛应巧是巧夕的又一"巧"俗，也是其乞巧方式的一种，比起穿针乞巧，它来得稍微要晚一些，其在南北朝时期才留下一点自己的痕迹。

也许你想不到，喜蛛应巧中的蛛指的就是蜘蛛，不过蜘蛛本无悲喜之说，所谓的喜蛛，其实不过是人们心之所向罢了。据说在夏末秋初之际，有一种类似米粒大小的蜘蛛，它原是经常出现在花草树木中的，可是偶尔也会在房屋之中或人的身上看到，这时便是喜兆了，这蜘蛛就被称为喜蛛。

喜蛛应巧的应巧之法，就是让人们把香瓜、黄金瓜、巧果、花生、红枣等一些瓜果类食品放在盆上，然后等着看喜蛛的"临幸"，谁的盆上如果有喜蛛被发现，那么第一个发现之人就被视为吉利之人了，之后便可把瓜果分吃了。

这一习俗对于一些小孩子来说无疑是一种美食的诱惑，看着那么多的瓜果，闻着它们"争先恐后"散发出来的香味，却只能瞪大了眼睛

看一看，这"眼瘾"过得太是不爽了。所以这一习俗中往往会出现一种有趣的现象：一些调皮大胆的孩子为了早些变过"眼瘾"为过"嘴瘾"，就会偷偷地捉来一只喜蛛放在果盆上，然后再装作欢呼雀跃的样子去发现那喜蛛，这时即便很多大人知道也装作是不知道，陪着孩子，提前将这喜蛛应巧给"应"了。

存在了那么长时间，喜蛛应巧"应"法并不是唯一的，它在每个时期都有属于它的特色。

南朝时期梁宗懔在他的《荆楚岁时记》中说："是夕，陈瓜果于庭中以乞巧。有喜子网于瓜上则以为符应。"这是喜蛛应巧留下的最早的踪迹了，那时它简单明朗，如同刚出生婴儿的眼睛，深邃而明亮，给人满满的怜爱感。

五代时期王仁裕在他的《开元天宝遗事》中说："七月七日，各捉蜘蛛于小盒中，至晓开；视蛛网稀密以为得巧之侯。密者言巧多，稀者言巧少，民间亦效之。"这时"婴儿"已经长大，那双深邃而明亮的眼睛也不一样了，它更加知道"玩耍"了，以喜蛛结网的疏密程度来定巧的多少，也是乐趣十足。

宋朝时期孟元老在他的《东京梦华录》中说："以小蜘蛛安盒子内，次日看之，若网圆正谓之得巧。"周密也在他的《乾淳岁时记》说："以小蜘蛛贮盒内，以候结网之疏密为得巧之多久。"虽然越长越大，可是喜蛛应巧还是知道自己的根本所在，它是一个"恋家"者，所以最终还是选择了回归，从形状到疏密，它慢慢地回去了。

明代田汝成在他的《熙朝乐事》中说："以小盒盛蜘蛛，次早观其结网疏密以为得巧多寡。"这疏密定巧，果然是挺适合它的，喜蛛应巧也是有"主见"的，遇到了最佳的自己，便持续这个最佳的状态，这一点，甚好！

一朝一代，从南北朝到明朝，巧夕的喜蛛应巧在阳光雨露中生长、

不可不知的中华节日常识（青少年版）

改变、完善，最终邂逅了最美的自己，并把那美丽留给后来的我们去慢慢品味，这真是一笔巨大的财富。

巧夕，七夕的这个别名真是不错，巧夕巧俗。不管是穿针乞巧、投针验巧，还是喜蛛应巧，它们都是我们的先人用来乞巧的一种方式，满载着他们的智慧与期盼。一路上，它们用自己的方式陪伴着七夕，被载入史册，为我们所认识、了解并熟悉，这是我们此生之幸。

七夕节穿针乞巧、投针验巧、喜蛛应巧等习俗不可不知的常识：

1. 穿针乞巧这一七夕习俗多在夜里月光下举行，那时女子手中的线所需要穿过的针，多为七孔针、五孔针和九孔针，具体情况在每个时期也都所有不同。

2. 投针验巧是源于穿针乞巧的一种乞巧方式。当时的人们认为，其中所用的水在七夕那天经过长时间的太阳照射，所以水上会形成一层薄膜，那薄膜足以支撑针的重量，让其始终浮在表面上，不会下沉，其便是利用这一原理来进行的验巧之俗。

3. 喜蛛应巧就出现的时间上来看，晚于穿针乞巧一些，早于投针验巧很多。这一习俗多在穿针乞巧之后进行，而应巧时所需的那些瓜果之类一般在穿针乞巧前就被人们准备好了。另外，七夕被发现的喜蛛因为有了喜兆的寓意，往往会被放掉。

第三章　供拜齐具

不可不知的中华节日常识（青少年版）

内心确实比外在要重要得多。我们的习俗在外在上总是形态各异，七夕也如此，它的供奉"磨喝乐"、拜织女、拜魁星更是如此，可不管外在形式如何，在供拜的人们那里都是百分百的真心，如此足矣。

七夕是我们传统节日里唯一一个以"乞巧"作为别名的节日，一年一度，机会着实难得，千心万愿是该趁着好好地祈一祈了。无论将来它是否能实现，或祈拜或供奉，这也都会是一种对自己交代与慰藉的好方式。

供奉"磨喝乐"也是的一种乞巧方式，只是这乞巧求的不只是心灵手巧，还有子嗣延绵、家族香火兴旺等心之所愿。古时每年七夕，人们都会将其作为供奉牛郎、织女的祭物，来祈求自己的心愿。

"磨喝乐"也为"磨合罗"，是梵语音译，为佛教文化传入我国的产物。在佛教文化中，它是众神之一，蛇首人身。至于这源自佛教的磨喝乐神与我国七夕所供奉的磨喝乐之间的具体关联，目前说法并不唯一。

王连海在《中国民间玩具简史》的解释是："磨喝乐即是梵文'磨目侯罗'的讹音，原意指佛教神名，称为'磨目侯罗迦'，亦作'莫呼勒迦'，是梵文的音译。在《大毗庐遮那成佛神变加持经》及唐·慧琳《一切经音义》中均有记述，称磨目侯罗迦为'天龙八部之一'……磨目侯罗迦是大蟒神，人首蛇身，又称'胸行神'。《东京梦华录》中提到磨喝乐时，作者注曰：'本佛经磨目侯罗，今通俗而书之。'可见当时是把这种小泥偶与神佛相提并论的。"

从这记叙中，我们也有幸看到了汉化后的磨喝乐形象，它已不再是蛇首人身，而成了小泥偶。不过这小泥偶甚是顽皮，它并非一成不变，而是隔段时间就换个造型，煞是可爱，关于它的记载，宋代时期颇多。

孟元老在他的《东京梦华录》曾不止一次提到过这磨喝乐，有说："七夕前三五日，车马盈市，罗绮满街，旋折未开荷花，都人善假做双头莲，取玩一时，提携而归，路人往往嗟爱。又小儿须买新荷叶执之，盖效颦磨喝乐，儿童辈特地新妆、竞夸鲜丽。"也有说："七月七夕，潘楼街东宋门外瓦子、州西梁门外瓦子、北门外、南朱雀门外街及马行街内，皆卖磨喝乐，乃小塑土偶耳。悉以雕木彩装栏座，或用红纱碧笼，或饰以金珠牙翠，有一对直数千者，禁中及贵家与士庶为时物追陪。"

由此可见，那时的磨喝乐从装饰到雕塑已经略有讲究了，它千姿百态，价位也是不一样的。

陈元靓在他所编撰的《岁时广记》中道："磨喝乐南人目为巧儿。今行在中瓦子后市街众安桥，卖磨喝乐最为旺盛，惟苏州极巧，为天下第一。"这一番话虽是夸赞了苏州的磨喝乐之"巧"，却也让我们看到了这一习俗在当时的盛行。

吴自牧在《梦粱录》中道："市井儿童，手执新荷叶，效磨目侯罗之状。"……

这一笔笔文字，形象生动地向我们展示了磨喝乐在宋代七夕节的"火热"，同时，它的形状、它的模样，也在这"火热"中被人们深深地刻在心里，成为无法磨灭的印记。

然而源于佛教、带着一身素净的磨喝乐之变化并没有止于宋朝，在后来，它一直没有停下"变美"的脚步，象牙雕镂、龙延佛手香，

它的材质越来越高大上；彩绘木雕、红砂碧笼，它的"外衣"越来越华丽；千姿百态、惟妙惟肖，它的外形越来越逼真，成了真真切切的无价之宝。

古时的女子讲究"宜室宜家"，这"宜室宜家"包括厨艺、刺绣等技能。那时一个女子若能在那上面样样出挑，那被优秀的男子所恋拥有一桩让人艳羡的婚姻便不是什么难事了。

织女这个好榜样，一年难得"出现"一次，女子们自是不会放过这个难得的机会。农历七月七日，当牛郎和织女鹊桥相会之时，便是她们"许愿"之时。那会儿未婚配的女子会自行组合成乞巧会，这个会中的每个人还会事先准备一样属于自己的玩物，她们提前用通草、色纸、芝麻、米粒等东西，做成形态不一、独具风格的花果、仙女、器皿、宫室等，来迎接"女神"的降临。

到了农历七月初六夜里，那些女子更是激动不已，她们将神坛早早地就准备好了，只等初七时间一到，她们便迫不及待地开始自己的祭拜，迎仙、拜仙等仪式一样也少不得。

就在女性为拜织女忙得不亦乐乎之时，男士们也没有闲着，他们要准备拜魁星呢。

魁星原本是北斗七星之首，后来这读书人称中状元为"大魁天下士"或"一举夺魁"，这颗星在古人心中的地位就不一样了，它被赋予主文事之意，有"魁星主文事"一说。那时多少贫寒人家十年寒窗苦读，只为考取功名，因此在农历七月七日即魁星的生日祭拜它，便成了人们心中的一种信仰。

古时闽东一带，人们对魁星格外重视。那里的男士们还在女性为织女设的神坛对面，为魁星也设了神坛，在他们心中，魁星的神圣地位仅次于孔子，认为它非常值得崇敬。

"七夕女儿祝织女，男士庙中拜魁星。佑我科举登榜首，供神猪头代三牲。""今宵牛女度佳期，海外曾无鹊踏枝。屠狗祭魁成底事，结缘煮豆待何时。""五彩亭前祝七娘，三家村里拜文昌。桥填乌鹊星联斗，天上人间各自忙。"一首首脍炙人口的诗歌，描绘了清代拜魁星的一幕幕景象，寄托了当时人们对功名的渴望。

时光走到今日，科举制度已不复存在，但是对于莘莘学子来说，大多希望自己能够金榜题名，最终走入理想的院校。对于家长来说，更是个个望子成龙、望女成凤，所以有的在今天依旧崇敬魁星，而魁星楼和魁星阁的香火在这种情形下依旧生生不息。

然而就是这样一位主文事的"星官"，在人们心目中的形象却并不符合"文"这个字，它反倒还有些"武"，两只脚皆不"安分"。它右踩大鳌，呈金鸡独立状，有"独占鳌头"之意，左脚上有北斗七星，头顶两只角，赤发环眼，金身青面，唯右手中握着的大毛笔即朱笔和左手拿的墨斗，和"文"字看着还有一些匹配。

除了上面所描述的，魁星在传说中还有另一个形象：跛脚、满脸斑点，其貌不扬，关于他的形象，还有一首打油诗：

不扬何用饰铅华，纵使铅华也莫遮。娶得麻姑成两美，比来蜂室果无差。须眉以下鸿留爪，口鼻之旁雁踏沙。莫是檐前贪午睡，风吹额上落梅花。相君玉趾最离奇，一步高来一步低。款款行时身欲舞，飘飘度处乎如口。只缘世路皆倾险，累得芳踪尽侧奇。莫笑腰肢常半折，临时摇曳亦多姿。

不过传说总归是传说，在这传说中，魁星是不折不扣的"励志青年"，他发愤图强，用满腹才学美化了自己的形象，殿试时以"麻面满天星"和"独脚跳龙门"巧答了皇帝所问的关于他跛脚和雀斑的问题，得到赞赏。这传说真是证实了一句话：人不可貌相，海水不可斗

量，内在比外在要重要得多。

内心确实比外在要重要得多。我们的习俗在外在上总是形态各异，七夕也如此，它的供奉"磨喝乐"、拜织女、拜魁星更是如此。可不管外在形式如何，在供拜的人们那里都是百分百的真心，如此足矣。

七夕节供奉磨喝乐、拜织女、拜魁星等习俗不可不知的常识：

1.关于源自佛教的磨喝乐神与我国七夕所供奉的磨喝乐之间的联系，除了文中介绍的王连海的看法，还有一些学者认为，磨喝乐是人们从佛教借来的满足人们精神追求的偶像，并以这种身份加以演化，最终成为人们七夕时用来"乞巧"的偶像。

2.我们七夕供奉的磨喝乐多为童子形象，往往身披荷叶半臂衣裙，手持荷叶。目前在故宫博物院中还存有相关画作。

3.在七夕拜织女这一习俗中，还有一种特殊的祭品——七姐盆，即一个装有纸质的衣服、脂粉等女性用品的盆，每样东西都有七份，有织女排行第七的意思。而拜织女的时间大多是在晚上。

4.魁星的传说除了文中所介绍的，还有不同的说法，并不是唯一的。

第四章　普天同"庆"

"塞翁失马焉知非福"，命运多舛也可能是一件好事。像那牛郎、织女，虽一年只能见得一次面，但他们却为我们的七夕结出一颗又大又红的"果子"。无论是娱乐性还是祈愿性，无论这颗果子是否延续，它都是埋藏在我们大地中的一颗文化种子，这真的是值得普天同庆。

农历七月七日，牛郎和织女相会了，有情人团圆了，我们可以借机向"女神"许愿了。这可真是个好日子，值得普天同庆。

不过这好日子的来临，可是离不开"牛"。传说当年牛郎、织女被西王母的天河分开之后，这老牛为了让他们见面，把自己的生命都奉献进去了。它把自己的皮贡献给牛郎，这才让牛郎有了"坐骑"，横跨天河。

要说这老黄牛可真是伟大，生活中默默奉献，在众多传说中也被赋予了美好的形象。

传说农历七月七日是牛的生日，即便只是个传说，我们也要认真对待了。《武宣府志》中说："七月七日木桶采野花插牛角，谓之贺牛生日。"在这一天，除了可爱的孩子会为牛角挂上漂亮的鲜花为它庆生外，还有一些地方的人们也用酒食以款待牛，用来表示内心对它的崇敬。

一条银河隔断了相爱的牛郎和织女，七月七日，他们相逢，带着激动、兴奋与伤心，那五味杂陈，化作泪水涌出眼眶，这泪水对于人们成了"宝贝"。传说七月七日牛郎、织女的泪水会变为露水洒向人间，所以人们在那一天用盆接露水，用来抹在眼上和手上，据说可以

使人眼明手快。

除了露水，七月七日的河水、泉水也颇具"灵性"，人们觉得这一天的泉河之水如同那天上银河水一般，自带"仙气"，拥有无穷无尽的神圣之力，有的地方甚至称那水为"天孙圣水"或者"织女圣水"。因这水的"灵性"，用它洗发也有了特别的意义——可得织女神的庇护，因此女性在七夕洗头发便成了一种习俗。

《攸县志》有这样的一段记载："七月七日，妇女采柏叶、桃枝，煎汤沐发。"可见这七夕洗头发的风俗在湘潭地区还是颇为流行的。

而在四川、贵州、广西等西南一带的女性，她们除了在七夕洗头发，还会用花草给自己或者孩子染指甲。不过，她们这洗头发和染指甲的习俗与湘潭地区洗头发的习俗寓意可大为不同，这里的人们大多把节日里的这一习俗作为一种娱乐对待。

当然，这西南地区的七夕洗头发和染指甲习俗在那里也有一种说法，说是在七夕那一天洗头不仅可以使自己越变越美丽，还可以早日为自己找到生活中的另一半；而在这一天染指甲还能使自己今后手更巧，做什么事也更麻利。与此同时，还有一种说法在当地流传，说是这一习俗与人们的生育信仰有关系。

要说这西南地区的洗头、染指甲与生育信仰究竟有没有关系还真不好说，不过七夕确实存在着一种与生育有关的习俗，它叫种生求子。

种生求子这一习俗需要人们在七夕前几天就开始着手准备着，人们首先要选择一块小木板，并在其上撒上一层土，然后再准备粟米的种子，将其放入那土层中，让其生出嫩苗来。而后要对这些嫩苗进行仔细的"装扮"，找一些花啊、草啊、小茅屋啊给它做点缀，让它成为朴素的农家模样。当时人们称这为"壳板"。

除此之外，还有一些地方的人们用一些绿豆、小豆、小麦等农作物的种子，将其泡在盛有水的碗中，让其生出芽来，再用红、蓝丝线将这些芽扎起来，人们称其为"种生"，也叫"五生盆"或"生花盆"。

在南方一些地区，"种生"也叫"泡巧"，他们给生出的芽叫"巧芽"，并用其代替针进行抛水面的乞巧习俗活动。那会儿，人们还会制蜡像、雕塑，什么牛郎、织女、鸳鸯等数不胜数，如同现在的蜡像馆一样精彩，只是那时它们不是用来展现，而是将其放在水上浮游，即"水上浮"。那时蜡制的婴儿，还有"宜子"之意，据说买回去浮于水中，便可得子，即"化生"。

了解了种生求子，可能有不少人会发出这样的感叹：一个习俗竟然有这么多讲究！这感叹出现在这时还是略微有些早了，因为还有一种叫祭拜"天亲娘"的习俗，比这种生求子更加讲究。

祭拜"天亲娘"是大人期盼自家孩子平安健康的一种寄托。

农历七月七日，人们要准备一个香炉设在屋檐下，将它作为"天亲娘"的神位。到了凌晨，人们还要在天井摆贡品进行祭拜，一切虽然烦琐了一些，不过能为孩子求个平安，也是好的，这便是亲子之爱的伟大。

与拜"天亲娘"有些相似，闽南、台湾一带有拜"七娘妈"的习俗，那里的人认为农历七月七日是"七娘妈"的生日，而"七娘妈"一度被人们视为孩子的保护神。

那里还有"七娘妈"的庙，每年农历七月七日，大家就带着花果、脂粉、牲礼等祭品前去供奉，求"七娘妈"保佑孩子长大。另外，在台湾若是孩子已经满十五岁了，那农历七月七日还有一种"成人礼"呢，即父母要带着孩子一起到"七娘妈"庙去答谢，谢她的恩赐与庇护，让孩子平安长大。

晒衣、晒书，是古时七夕一种特别的习俗，它无关风月，只关文人，那时人们在七夕这一天会晒衣、晒书。

刘义庆的《世说新语·排调》中记载："郝隆七月七日出日中仰卧。人问其故，答曰：'我晒书'。"郝隆用他的行为表现出了对这习俗

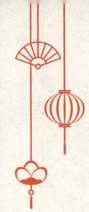

的蔑视。竹林七贤中的阮咸也看不惯"晒衣",农历七月七日,别人晒衣时,他只用竹竿挑一件又破又旧的衣服,还说"未能免俗,聊复尔耳!"这小故事虽让我们看到了晒衣、晒书的"命运多舛",却也让我们体会到这七夕当日习俗之一的兴盛。

"塞翁失马焉知非福",命运多舛也可能是一件好事。像那牛郎织女,虽一年只能见得一次面,但他们却为我们的七夕结出一颗又大又红的"果子"。无论是娱乐性还是祈愿性,无论这颗果子是否延续,它都是埋藏在我们大地中的一颗文化种子,这真的是值得普天同庆。

七夕节妇女洗发和染指甲及晒衣、晒书等习俗不可不知的常识:

1. 妇女洗发这一七夕习俗在湖南、江浙一带较常见,除了文中提到的《攸县志》,散文家琦君在其《髻》中也提到过。

2. 我国西南地区的七夕染指甲习俗多用对手足有利的凤仙花,传说它还可以辟蛇辟邪。当地还有"七月七日为乞巧节,童稚以凤仙花染指甲"的说法。另外凤仙花还被称为女人花,有专门赞美它的诗句,如:"此花已有神仙福,愿在佳人指上香味。"

3. 关于拜"天亲娘"这一习俗选在农历七月七日凌晨也是有说法的。说是在七月七日这一天,在凌晨东方天空中的七颗星最亮,而这七颗星还被认为是天帝的七个女儿,人们拜第七个。不过这也只是古时的传说。

4. 七夕节晒衣、晒书习俗,还有很多小故事,文中并没有一一介绍。

第五章　有滋有味

七夕果然是"甜"得有滋有味，那诱人的糜粥、汤饼、斫饼、巧果、"花瓜"等吃的东西，不仅"甜"，还"甜"出了自己的特色，然后又无私地用属于自己的特色浇灌着七夕，让这节日也越发有滋味起来。

七夕是"甜"的，这"甜"不同于我们现在的鲜花、巧克力，它有时光的"甘"、历史的"醇"，"甜"得有滋有味。

"糜粥"在现存的史籍记载中，当属七夕节令食品的"元老"了，这"元老"从名字上来看无疑是粥的一种。不过现在提起粥，那可算是个"宏观"的名词了，种类不说多如牛毛，那知道的、不知道的、尝过的、未尝过的也不是一个人可以细数的，好在那时，它还比较"微观"，即便我们未曾亲眼所见，也可以猜测得到那是一种由米和各种豆类煮制而成的粥了。

恰逢七夕，喝一碗这样简单而质朴的粥，心里定是"甜丝丝"的。

简单质朴的"糜粥"没有陪七夕节多久，便出现了它的替代品——汤饼。周处在他的《风土记》中说："七月黍熟，七日为阳数，故以黍为珍。今北人唯设饼，无复有糜也。"从这记载中，我们可以看到，在那时，汤饼取代了"糜粥"，成为七夕节的节令食品。

汤饼，有汤有饼，至于它的庐山真面目，我们无缘得见，不过这真面目下藏着的一颗"真心"，倒是有人看得清清楚楚。当代学者刘明烨作《漫话"汤饼"》一文，认为它的一颗"真心"里饱含着当时人

们对男耕女织生活和美好爱情的憧憬。

　　繁花似锦的唐朝来临，七夕节也随之变得热闹起来，它有专门的宴席，只是那宴席并非亮点，亮点在于斫饼。张九龄等人在其编撰的《唐六典》中说"七月七日进斫饼"，可见那时斫饼是七夕的主角，成了它的节令食品。

　　所谓斫饼，其实与我们现在的摊饼大同小异，当时是将其烙熟之后，几个人一起分而食之。

　　煎饼在我们现在的食物中真是再普通不过了，但是光阴回到宋朝，它就不再普通了，那时它是七夕的节令食品。它在《岁时杂记》中也留下了自己的"身影"——"七夕，京师大家亦有造煎饼供牛女及食之者"，如此看来，普通的食物也有可能饱含悠久的文化历史，容不得人们忘却。

　　巧果和"花瓜"是在众多的七夕节令食品中最为"有名"的了，它如清瘦的秋菊，数十品种，一种开出一样"花"来，要什么有什么。

　　巧果，名字也不少，有称它为"七夕果"的，还有称它为"乞巧果"的，宋代孟元老还在他的《东京梦华录》中称它为"笑厌儿""果实花样"。不过这些名字的由来都不是毫无根据的，都有一定的缘由。

　　由于巧果以面粉为主要原料，再加以蜜糖水、芝麻搅拌，满身的"肉肉"都是软和的，所以它的外形就很容易被塑造。而自古聪慧灵巧的女子更是不少，她们把巧果捏成各种各样的形状，这形状大多与七夕有关。古时女子们还常常在乞巧时带着自己的"得意之作"比较、评论呢。这生在七夕，又长得这么漂亮，难怪会有巧果、"果实花样"这样的美名呢！

　　有价值的东西往往更容易与商业走到一起，巧果自然不用说了。后来古时的七夕，巧果作为一种商品被出售，那时甚至还有购买一斤巧果就送"果实将军"的"活动"，这"果实将军"其实就是身披战甲的人偶。看来，这买送之法可真是商业中的一样好"法宝"，古今之人都买它的账。

一种东西一旦被关注得多了，就可能会走上时代的前列。伴随着巧果的"声名远扬"，用来制作它的"机器"便出现了。聪明的人们雕刻出各种各样的图案模板，这样就不需要再一个个去捏了，只要将制好的面扣在模板上，那形态各异的巧果就出来了，真是省时又省力。

巧果作为七夕节令食品中最广为人知、最流行的一种，它在各地的制作、食用方法却并不是一致的，一地一吃法，还略有讲究。

在浙江的一些地区，人们会在七夕当日准备巧果，到了晚上将它与莲蓬、白藕、红菱等吃的东西放在一起，家中亲友围坐一团，一边吃一边闲话家常，氛围甚是温馨。温州的一些地方也有将巧果作为一种带着吉利之意的礼物送给外孙辈的孩子，满是关怀。

上海的一些农村，将农历七月七日看作巧日，这一天新婚的女子皆要回娘家，并且还要在从娘家返回婆家之时给丈夫带回巧果，以图吉利。

还有一些地方的人家会将农历七月七日的巧果用线穿起来，再加以缀品，作为饰品给孩子戴起来，或是当作零食给孩子吃，以求其心灵手巧。

"花瓜"要比巧果简单一些，它就是一些普通的瓜果，然后在表皮上面被人们雕刻上一些图案，或者直接将瓜果雕成一些图案，用来供奉牛郎、织女星。供奉之后，人们又将它与巧果一起食用，一边吃一边带着自己的美好心愿望着夜空，期待好运降临。如愿望成真，自己将从此变得心灵手巧起来。

现在，巧果的"名气"渐渐消减，各种各样的节令食品层出不穷，它们因地而异，也是"活"出了自己的特色。

吃乞巧饭在河北、山东一带的一些地方"生存"着，这饭吃得很

是有趣：七个闺密一起集资买面粉、菜，包饺子，并准备铜钱、针和红枣各一个，分别包入三个饺子中，与其他的饺子混在一起，待乞巧完毕，她们开始吃饺子。据说，吃到包有铜钱的饺子会被福气环绕，吃到包有针的饺子，那手可就不是一般的巧了，吃到包有红枣的饺子，会早早邂逅自己的如意郎君，步入婚姻的殿堂。

福建的人们颇为勤快，他们早早地就开始准备七夕的节令食品了，有些地方农历七月初一就开始着手泡巧菜、做巧工，他们将豆、麦放入可以让其生芽的地方让其成芽，以便初七的时候做巧芽汤。还有一些糕点铺会做一些酥糖，糖的形象很多，称"巧人"或"巧俗"，用来出售，据说吃了它们会让人心灵手巧。

使君子作为一种中药，在闽南、台湾等地的七夕也是"榜上有名"的，每逢七夕，那里基本上每家人都会买来使君子和石榴。然后到了七夕晚上，人们使用它们煮鸡蛋、螃蟹等吃的东西，以达保健之效。同时，台湾还煮吃红糖干饭用来保健。

说到保健，七夕也曾是配药的好日子，据说以前有一种可以延长寿命的药丸非常厉害，这药以松柏为料，与七夕的露水调制而成，吃上一丸就可以增十年的寿命，简直是"仙药"，传说中除了它，饵松实、服柏子、折荷叶等也是增寿的良药。当然这只是传说，仅寄托了人们对身体强健、延年益寿的希望。

七夕果然是"甜"得有滋有味，那诱人的糜粥、汤饼、斫饼、巧果、"花瓜"等吃的东西，不仅"甜"，还"甜"出了自己的特色，然后又无私地用属于自己的特色浇灌着七夕，让这节日也越发有滋味起来。

七夕节饮食习俗不可不知的常识：

1.巧果在不同地区的饮食习俗、寓意等都是不同的，文中只是介绍了一部分地区。另外在绍兴的一些地方，巧果也是端午节的节令食品。

2.七夕的饮食习俗在每个地方都不尽相同，饮食类型也比较多，像文中没有介绍的蚕豆、面条、瓜果、五子（即桂圆、红枣、榛子、花生、瓜子）等这些东西，在少数地方也是七夕节的节令食品。

3.关于七夕节配药保健的习俗还有一些药方流传，如晒槐汁治痔，煎苦瓜治眼等很多很多。不过它们与文中提到的那些"仙药"一样，均是流传下来的说法，具体属不属实，并无人印证。

4.现在的七夕节在青年男女眼里已经成为了纯粹的情人节，玫瑰花和巧克力也成了这节日里流行的东西，传统的习俗在人们心中被逐渐淡忘。

第六篇
中秋节

中秋节，玩花灯、舞火龙领着一个个传统习俗，它们或带着深厚的吉祥寓意，或者只是单纯的娱乐……它们五彩缤纷，像是一支支画笔，在中秋节这张蕴含团圆的白纸上描绘出了种种夺目的色彩。

第一章　百家宴，庆团圆

农历八月十五中秋节，在这个全家团圆的日子里，月饼为代表的糕点类，馍为代表的面点类，鸭鱼为代表的肉菜类，"荷花""菜饼"为代表的"素菜"类，西瓜、香蕉为代表的水果类，它们化身为一道道"团圆菜"，在这个属于我们的团圆宴上为我们庆祝。这珍贵而美好的时刻，确实值得我们去珍惜，而这珍贵而美好的节日，则更值得我们去珍惜。

"月饼圆又圆，咬一口，香又甜，让我如何不想念。盼中秋，等月圆，月饼端上我心欢。不等爷奶慢，不管弟妹玩，我先把上一块解解馋。啊，月饼好好吃个遍，管它肚子愿不愿。"……一首首童谣，道出了八月十五中秋节这个团圆日，也道出了这团圆日里的一道"家宴菜"——月饼。

八月十五，人圆，月圆，月饼也圆，这一切多么应景。现在中秋节还未到，圆圆的月饼已经在市场上开始销售，肉的、素的、甜的、咸的……各种各样的馅儿呈现在那里，等着人们去挑选，它之于中秋节越来越亲密了，在某种程度上，它们甚至已经连为一体。

我们都知道再亲密无间的朋友也是从陌生开始的，可很多人不知道八月十五与月饼紧密相连也并非天生的，它们亦是从陌生到熟悉，从熟悉到亲密无间，从亲密无间到不可分割。

月饼，曾经也叫过小饼、月团这两个小名。说起来，它比中秋节可要"老"得多，探寻史料中的足迹，它的"影子"在殷、周时期就

133

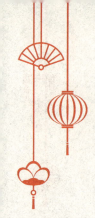

若隐若现了。那时江浙地区有一种"太师饼"是用来纪念太师闻仲的，两边薄中间厚，从各项研究来看，这饼很有可能就是我们月饼的"始祖"。

至于"中秋"，若是单说这两个字与那月饼"始祖"离得还不算远，这两个字最早"现身"在《周礼》这部书中。在魏晋时期又有"谕尚书镇牛淆，中秋夕与左右微服泛江"的记载。可是这时它还不是节日，等到它成为节日的时候，已经是唐朝了，《唐书·太宗记》记载有"八月十五中秋节"，这离得可是有些远。

不过也许有人会说，那"太师饼"不过是月饼的"始祖"，并不能代替月饼本身而存在。这话倒也有几分道理，不过即便是月饼本身，它也和最初的中秋节是陌生的。

在南宋吴自牧的《梦粱录》中我们可以看到"月饼"这个词了，那时它还不是圆的，而是菱花形的，种类也很单一。可书中有记载"四时皆有，任便索唤，不误主顾"，单单这十二个字，我们就可以看出来，它起初确实和中秋节毫无关系，只是市面上的一种普通吃食。

"小饼如嚼月，中有酥和饴"在苏东坡的词句中我们看到了月饼的小名——小饼，看来月饼的这一别称正是这时有的。据说那时它在宫廷的中秋节很流行，叫"宫饼"，而它的另一别称"月团"也是在这时的民间出现的。不过，这时它与中秋节还是没有什么固定的关系。

月饼真正和中秋节"相识"并"熟悉"起来是在明代，那时关于它与中秋节"并肩而行"的记录非常多。

《帝京景物略》中说："八月十五日祭月，其祭果饼必圆。"可见，明代时的月饼已经是圆形的了。据说，当时还有心灵手巧的制月饼者将我们熟知的"嫦娥奔月"这一神话故事，以图案的形式刻印在月饼上面，更为月饼添上了一份神秘的色彩和浓厚的节日气息，让它与中秋节的关系更进了一步。

《酌中志》中说："八月宫中赏秋海棠、玉簪花。自初一日起，即有卖月饼者，至十五日，家家供奉月饼、瓜果。如有剩月饼，仍整收于干燥风凉之处，至岁暮合家分用之，曰团圆饼也。"这时，集市是热闹的，八月十五的月饼从八月初一就开始卖，而且还被赋予了团圆之意，可见它不仅和中秋节走得很近，而且作为节令食品应该已经分外盛行了。

关系近了，总是不自觉得想为对方做些什么，月饼真是一位难得的"好友"。到了清代，月饼的种类更加繁多，袁枚在他的《随园食单》中说道："用山东飞面作酥为皮，中用松仁、核桃仁、瓜子仁为细末，微加冰糖、猪油作馅，食之，不觉甚甜，而香松柔腻，迥异寻常。"松仁、核桃、瓜子、冰糖……这时的月饼将自己填充得如此丰富，真是为中秋节添了不少"味"！

"路遥知马力，日久见人心"，长时间的"亲密接触"，让月饼和中秋节更加"认识"到了彼此的真心，也更加愿意为彼此"增光添彩"，中秋节里月饼的一切越来越好。它不但形成了京、津、苏、广、潮的系列风味，而且围绕中秋节里赏月、拜月的这些习俗又生出了不少地方中秋节的"嫩芽"。

在江南，人们把中秋节的月饼切成小、中、大三块并叠着放在一起，大的称为"状元"，放在下面；小的称为"探花"，放在上面；中等大的称为"榜眼"，放在中间。吃的时候全家人一起掷骰子。谁掷的数字最大，就是"状元"，吃大块，数字小的则是的"榜眼"，吃小块，排在中间的当然就是"探花"，吃中等的，当地人将这种习俗称为"卜状元"，甚是有趣。

在河南西部的一些农村地区，中秋节还有蒸月饼的习俗，那蒸的月饼和平常的月饼可不一样，它可以说是馒头的"调味与改良"，分甜、咸两种。

甜月饼就是将核桃、花生、芝麻等东西和糖混在一起，然后揉成圆形，大小不一，最后再从大到小依次往上叠放，而咸的把糖换成盐即可。另外，这地方的人们还会在中秋节蒸"月亮"，即把与平常月饼一样的馅儿包在面里，揉成月亮的形状。这月饼满含着当地人民的勤劳与质朴，很受当地人们的欢迎。

......

与河南西部地区的"月饼"有些相似，在它临近的陕西西安的一些地方有"团圆馍"，每到中秋之际，当地家家户户都会忙着做这种馍。这馍有两层即底部和顶部，中间夹有芝麻，顶层有一个用大碗"烙印"的圆圈，有中秋月圆、人圆的意味，圆圈中间还刻了一块"石头"，上面站着一个活泼可爱的"小猴子"，它正在吃蟠桃，有意思极了。

这馍既然蒸得这么讲究，那吃的时候自然也不会草草了事，要切成尖牙的形状全家一起吃的，每人一"牙"，若是有外出未归的，需要为其留下一"牙"，若是有姑娘出嫁了，娘家还会把一"牙"馍送到她婆家，他们以这种方式来表示全家团圆不忘。这馍，这团圆，果真是该属于中秋节的。

从见面到熟悉到亲密再到不可分割，月饼与中秋节一路走来，彼此共勉，变得越发精彩漂亮，在传统节日里大放光彩。不过在月圆、人圆的中秋节里，团圆宴上除了月饼这道"主菜"，也有不少的"陪菜"，它们散在各地，用自己的风味点缀着中秋节。

打粑、麻饼、蜜饼是四川地区中秋节的"小菜"，当然在美食频出的四川，中秋节自然不止这一样"小菜"，那里还有有名的烟熏鸭子，它是四川西部地区中秋节团圆宴上的又一道佳肴。时值八月，当年养的鸭子也该长大了，选一只宰杀，再用当地特有的方法熏腌，香气扑鼻，还好保存，不仅中秋节，即便其他时间食用起来也方便，算得上一道好菜。

不可不知的中华节日常识（青少年版）

除了烟熏鸭子，台湾高雄县的水鸭，也是当地中秋节团圆宴上的一道菜。在当地饲养水鸭的人很多，而中秋那个时节恰好是水鸭长得最嫩之时，所以它自然就"献身"给中秋节了，尤其是美浓地区的客家人，水鸭已经成了他们中秋节必不可少的特色。

　　除了水鸭，金陵还有名吃桂花鸭。虽然这美味的桂花鸭作为金陵特色是什么时候都有的，但是对于南京人来说，中秋节吃挂花鸭也成了一种习俗，在那团圆之际，吃一道属于我们自己的名菜，滋味肯定也是不一样的。

　　中秋的鸭子菜很有名，鱼却也不输它，杭州的莼菜鲈鱼烩作为当地中秋团圆宴上的一道菜，不仅有味而且有意。晋代时期的官员张翰因为思乡而借"莼菜、鲈鱼"的思乡之意放弃了大好前程，丢掉官职回乡，这份真诚给莼菜贴了一个赤诚的标签——思乡。恰逢中秋团圆日，无论是否团圆，这在当地也都属于一道"团圆菜"了。

　　当然，中秋团圆宴上的菜也不尽然都是荤的，它也有素。

　　"荷花"是江苏东台一带中秋节团圆宴上的一道菜。这"荷花"又名藕饼，它不是我们看到的荷花，它用横断的藕作为饼，然后再包少许碎肉，再加点小麦屑，用油炸熟即可，有和睦团圆的意思，和中秋节的寓意如出一辙。

　　如果你说"荷花"还不算是素的，那位于台湾省东北部宜兰地区的"菜饼"是中秋团圆宴上一道绝对的素菜了。它的主要原料是面粉，再将黑糖抹在中间，最后烘焙而成，素里带香。

　　既然荤素兼具了，那水果自然也是少不了的。在陕西，西瓜可是那里中秋团圆宴上一定会有的"菜"，农历八月十五，天气还是略微有些热的，在这个时候全家人团聚在一起，每人来一块清凉、解暑的西瓜，想必热气会削弱不少，这可真是一道颇为实用的"菜"。不过这中秋节的西瓜也有它特别的地方——切成莲花状，以莲花来配着中

秋，也是为节日增加了一份团圆的喜庆。

北方有水果，南方就更不用说了。在广东的潮汕一带，中秋节可有一道"水果盛宴"的，那时正值很多水果成熟之际，柚、柿、阳桃、菠萝、石榴、橄榄、香蕉等都成了当地中秋节的一道香飘飘的"菜"了。

农历八月十五中秋节，在这个全家团圆的日子里，月饼为代表的糕点类，馍为代表的面点类，鸭鱼为代表的肉菜类，"荷花""菜饼"为代表的"素菜"类，西瓜、香蕉为代表的水果类，它们化身为一道道"团圆菜"，在这个属于我们的团圆宴上为我们庆祝。这珍贵而美好的时刻，确实值得我们去珍惜，而这珍贵而美好的节日，则更值得我们去珍惜。

中秋节饮食习俗不可不知的常识：

1. 月饼为拜月神的祭品，历史非常悠久，但起源至今无处可考。关于它与中秋节的联系，有很多的传说，有说是唐朝祝捷的食品，也有说是元朝人们起义的约定品等。不过有史料证实的则是文中介绍的明代。

2. 莼菜又名马蹄菜、湖菜等。文中所说的张翰在《晋书·张翰传》中有记载，说是张翰时任大司马东曹掾，在洛阳。张翰因见秋风起，乃思吴中菰菜、莼羹、鲈鱼脍，说："人生贵得适志：何能羁官数千里以要名爵乎。"遂命驾而归。所以后人常用"莼羹鲈脍"为辞官归乡的典故。

3. 文中所介绍的中秋节饮食习俗中的很多食品，现在已经不是中秋节的专属，它们在什么时候都可以吃到，只是在节日又添了一份团圆的味道。另外像河南的蒸月饼、陕西的蒸馍等一些习俗现在保存下来的很少。

第二章　玩花灯，舞火龙

中秋节，玩花灯、舞火龙领着一个个传统习俗，它们或带着深厚的吉祥寓意，或者只是单纯的娱乐……它们五彩缤纷，像是一支支画笔，在中秋节这张蕴含团圆的白纸上描绘出了种种夺目的色彩。

中秋，一个团圆的节日，月圆人圆，到处洋溢着甜蜜与喜悦。如此欢快的氛围，怎能少得了游戏来做伴呢？

作为我国三大灯节之一，中秋节当然要"选择"玩花灯作为其节日游戏之一。它出现得极早，在南宋的《武林旧事》中就有其"倩影"，那时的中秋节，有将"一点红"灯放入江中漂流的情形。后来"一点红"已经变成"万点红"了，中秋节的花灯类型越来越多，什么芝麻灯、蛋壳灯、刨花灯、稻草灯、鱼鳞灯、谷壳灯及鸟兽花树灯，朴素的、华丽的……应有尽有，让人目不暇接。

广西南宁一带的花灯是质朴无华的。那里的花灯原材料都分外简单，如纸竹、柚子皮、南瓜皮、橘子皮等都是离人们相当近的，给人很大的亲切感。

那用纸竹做成的花灯大多是专供小孩玩耍的，而用柚子皮、南瓜皮、橘子皮做成的灯皆是以本身材料命名，即柚子灯、南瓜灯、橘子灯。这些灯的制作过程就如它们的原料名字一般朴素，一点儿也不"难缠"。做时，你只需把那柚子、南瓜、橘子里面的果肉给掏干净，然后收拾成自己喜欢的形状，在里面放置好蜡烛即可。当蜡烛点燃，一闪一闪的光映射出来，分外柔和，分外讨喜。

　　广西的户秋灯也是简单的，它不过是先用竹篾制六个圆圈，然后再将这圆圈扎到一块，里面放上蜡烛，外面用白纱纸一罩，而已。这灯一般是放在祭月桌旁边用来祭月的，不过也可以给小孩子玩。蜡烛点燃后，那一闪一闪的光芒透过白纱纸映射出来，倒是有一番朦胧美。

　　相对于广西中秋节花灯的质朴，广州和香港的中秋节花灯就略放光彩了。在这里，人们在中秋夜要进行"树中秋"活动。所谓树中秋，树即竖，就是将花灯高竖起来的意思。

　　站得高，看得远，既然是要竖起来的，那就不能丢了"面子"，花灯也是要"顾及"自己的"形象"的。即便原材料仍是纸竹，扎成的花灯也要十分精致，孩子们甚是对制作花灯的家长有些"不放心"，自己也纷纷参与进来，将花灯扎成自己喜欢的模样，然后将其高高挂起。他们争先恐后，生怕自己被邻家的小孩给比下去，一个比一个挂得高，做得漂亮，既有趣，又热闹。

　　如果说这广州和香港的中秋节花灯是略放光彩，那么现在很多地方的中秋节花灯可以称得上是大放光彩了。南方的很多城市如广西、广东不少地方，现在的中秋节已经不是以前简单质朴的几个花灯可以"打发"了，它们有专门的中秋灯会，花灯变得漂亮多样，里面不再放蜡烛，而是方便明亮的点灯，甚至连小孩的玩具花灯也变得"高大上"许多，分分钟展现的都是现代都市的时尚。在这璀璨灯光的照耀下，连古老的中秋节也变得"摩登"起来。

　　烧瓦子灯又叫烧花塔、烧瓦塔、烧番塔，也曾是南方地区普遍存在的中秋节花灯游戏。在《中华全国风俗志》（卷五）中有这样一段记载："江西中秋夜，一般孩子于野外拾瓦片，堆成一圆塔形，有多孔。黄昏时于明月下置木柴塔中烧之。俟瓦片烧红，再泼以煤油，火上加油，霎时四野火红，照耀如昼。直至夜深，无人观看，始行泼息，是名烧瓦子灯。"从这段记载来看，这烧瓦子灯的游戏在中秋节的花灯游戏中堪称是"韵味担当"啊！

与记载中的江西略微相似，广东潮州地区中秋节也烧瓦塔，那塔也是用砖瓦砌成的空心状，然后再将树枝填入进行烧火。可是在烧火的同时，他们还燃烟堆，即把草啊、柴啊堆成堆儿，在拜月之后燃烧。

当然除了这些地方，烧瓦子灯还在其他地方存在着，如广西的边疆地区、福建的晋江地区等，它们饱含韵味，为中秋节更添古老的色彩。

中秋节在皓月当空的中秋夜，月光皑如山间雪，灯光皎若云间月，灯与月混为一体，光光相映，熠熠生辉，将中秋节变得越发"明亮"，这便是玩花灯游戏的魅力。

不过要说魅力，在我国没有什么可以与"龙"相媲美了，它作为我们中华民族的图腾，无论走到哪里，都带着一身浩然正气，魅力之大足以让所见者瞬间折服，中秋节的舞火龙也是如此。虽然在这中秋节舞火龙仅仅是作为节日里众多游戏之一而存在，可它带来的一切却不容许任何人忽视。

舞火龙，是我国中秋节的传统民俗活动之一，在香港尤为盛行。它从农历八月十四晚开始到十六晚方才结束，历时三天，风火而来，风火而去。

在香港，风火而来的中秋节舞火龙活动并不是空手而至的，它还带着一份神奇的礼物——传说。在传说里中秋节的舞火龙活动赶走了香港铜锣湾大坑地区可怕的瘟疫，而这一活动也因此被赋予了祥瑞之意，被广为流传，直到今天。

如今舞火龙活动更加壮观，中秋节将至，人们早早地就开始为舞龙活动作准备。到了农历八月十四晚上，那里的大街小巷都格外热闹，只见一条条火龙如长城一般在空中伴着音乐蜿蜒飘荡，气势万分宏伟。

农历八月十六晚上，中秋节的舞火龙活动结束了，当然这并不是彻底地结束，它只是风火而去了。来来去去这么多年，舞火龙在香港早已形成了属于自己的文化，如今大坑区的舞火龙活动已走向专业，

它有专门的教练、指挥、安全组等，人数以达数万，规模是相当大。

"游火龙"是江西省东南部宁都县南岭村的又一和龙有关的中秋节习俗。关于它的来源也有一个传说，这传说还和舞火龙颇为相似。说是农历八月十五的夜晚，天空忽然出现的火龙赶走了当地瘟神，保护了人们的安全。后来人们为了纪念它，还专门为其建了寺庙，而游火龙活动也就这样流传开来。

因与传说捆在一起，这游火龙活动也稍稍带了一点祭祀的性质。每年中秋晚饭后当地有专门的人来负责这一活动。他们举着火龙，井然有序地来到寺庙前的空地上，依次点燃，然后再由事先安排好的专业人员高高举起。刹那间，火光冲天，周围亮了起来，犹如白天，所有人跟着火龙绕着固定的路线游走……

后来，走着走着，游火龙活动便改变了它最初的"雏形"。人们用数丈长的毛竹，从尾到头依次扎上竹片，竹片上又扎着一些事先用植物油泡过的火把，这火把只要一点便燃开了，形成了"火龙"，这游火龙也因此得了一个"竹篙火龙"的别称。

这游火龙活动在当时当地的中秋节非常兴盛，以至于那里的人们把中秋节都改为"火龙节"了。另外，由于这"火龙"比较特别，营造的氛围也比较热闹，往往会吸引周围很多人来观看。

灯有光，龙有威，它们愿意"委身"在这中秋节，作为这节日里一个"小小"的游戏而存在，真是中秋之"幸"。不过中秋节的其他游戏与活动也并非玩花灯、舞火龙一般自带万丈光芒的，它们如护着鲜花的春泥，也曾在中秋节身边默默陪伴。

打中秋炮是安徽省南部绩溪县中秋节的一个习俗。所谓中秋炮，就是用稻草扎成发辫的模样，然后再拿水给它浸湿了。而打中秋炮，就是把这个用水浸湿过的发辫拿起来在石头上使劲打，打时你会听到它发出像炮一样的响声，顶有意思。

不可不知的中华节日常识（青少年版）

烧瓦罐是江西省吉安县中秋节的习俗之一，在那里每到中秋节傍晚，人们都会烧瓦罐。这瓦罐要用稻草来烧，待瓦罐烧红之后，再将醋放进去。霎时，一股香味飘散在空中，给人清新美妙的感觉。

穿行南浦桥是福建省南平市南浦县的中秋习俗之一，这是一项只关女子的习俗。旧时，每逢中秋节，那里的女子都要穿行南浦桥，说是这可以保佑人们长寿。

纵观历史，古时的每一个节日里几乎都要有一个和传宗接代有关的习俗，这意味团圆的中秋节自然也是不例外。在福建省建宁就有这样一个中秋习俗——挂灯，人们把它视为向月宫求子的吉兆。

……

中秋节，玩花灯、舞火龙领着一个个传统习俗，它们或带着深厚的吉祥寓意，或者只是单纯的娱乐……它们五彩缤纷，像是一支支画笔，在中秋节这张蕴含团圆的白纸上描绘出了种种夺目的色彩。

中秋节玩花灯、舞火龙等习俗不可不知的常识：

1. 我国的三大灯节分别是：春节、元宵节、中秋节，而中秋节作为其中之一，它并没有元宵节的灯会那样大型，它多在儿童、家庭中进行。另外中秋节除了文中介绍的玩花灯，也有放孔明灯等各种各样关于灯的习俗。

2. 中秋节烧瓦子灯这一习俗除了文中所介绍的一些地方外，在我国其他的一些地方也曾经存在。而且它在每个不同的地方，具体的烧法习俗还有传说，也是不一样的，如在广西边疆一带则是传说这一习俗是为了纪念清代抗法名将刘永福而流传下来的。

3. 中秋节的舞火龙习俗，这火龙的长度以及龙身的节数过去也是有具体的数字的。如：长达七十多米，有三十二节的龙身，而且还是用珍珠草扎成的，龙身上还插满了龙香。

第三章　月长圆，人长久

中秋节，团圆月。看不见的、看得见的……从祭月、赏月到拜月，它给了我们虔诚与炽热，也给了我们愉悦与期盼，它是属于我们的心灵慰藉。

人与月不知是从什么时候起被人们联系在了一起；农历八月十五中秋节月长圆、人长久的祝愿也不知道是从什么时候起被人们深深地烙印在了心底……

每到农历八月十五月圆，月亮那样美，那样有韵味，值得我们去赏、去祭、去拜。

高挂在空中的月亮在人们心中的地位也是至高无上的，曾经人们崇拜它，视它为神，所以便有了祭月这一习俗，只是最初的它被人们"捧"得太高，不免"端着架子"，不够亲和，是古时帝王权贵的"专利"。

祭月习俗"来"得很早，早在中秋还没有成为固定节日的时候就已经在出现了。那时，它是严肃的祭祀活动，被很多史料记载着。

《礼记》有云："天子春朝日，秋夕月。朝日以朝，夕月以夕。"恰古时帝王权贵专门设置日坛、地坛、月坛、天坛等场所来进行春分祭日、夏至祭地、秋分祭月、冬至祭天之习俗。而这记载中的"夕月之夕"说的就是那秋分祭月活动。

《管子·轻重己》有云："秋至而禾熟。天子祀於大惢，西出其国百三十八里而坛，服白而絻白，摺玉摲，带锡监，吹埙篪之风，凿动金石之音。朝诸侯卿大夫列士，循於百姓，号曰祭月。"《史记·封禅书》亦有云："祭日以牛，祭月以羊彘特。"这两段记载从当时祭月的服饰、乐器、祭品等方面向我们详细地展示了当时的祭月之俗，从这展示中，我们也自然而然地看出了祭月的讲究。

当然，习俗的讲究离不开它的"主人"——月神。可是偏偏秋分是那样一个尴尬的日子，它不按阴历按阳历，这阴阳虽然一体，却不是时时"相随"，总有那么几次赶得不是时候，月神还没有完全露出它的面庞，这必然给重视它的人们带来了困惑。

还好我们华夏子孙向来不是那么古板，我们祭的是月，不是时间，主体总比时间要重要得多，于是乎索性将秋分祭月改为农历八月十五这个固定的日子来祭月，这便谓之中秋祭月了。

也许是被人们的这份敬意所感动，也许是它的"本质"并不是"高傲"的，祭月这一习俗最终还是走了"亲民"的路线，由当时的权贵到民间，它的路越走越宽。

路走得多了，自然会走出自己的风采，祭月也不例外，随着它被越来越多的人接受，它也发展了不少特色。

《北京岁华记》中有一段老北京的祭月情景描绘："中秋夜，人家各置月宫符象，符上兔如人立；陈瓜果于庭；饼面绘月宫蟾兔；男女肃拜烧香，旦而焚之。"与此同时，北京还有"惟供月时，男子多不叩拜"的说法。而杭州则给祭月称为"斋月宫"，那里有"每户瓶兰、香烛、望空顶礼，小儿女膜拜月下，嬉戏灯前，谓之'斋月宫'"的相关记载。

赏月，赏景，赏情，赏心，中秋，一切皆具。

中秋，这注定是一个收获的时节，"春种一粒粟"已过，恰逢"秋收万颗子"，到处都是丰收的喜悦；中秋，也注定是一个特殊的时节，它是人们祭月的日子，没有夏的炙热、冬的酷寒。既有"光辉皎洁，

古今但赏中秋月，寻思岂是月华别，都为人间天上气清澈"的意境，又有"明月四时有，何事喜中秋，瑶台宝鉴，宜挂玉宇最高头；放出白豪千丈，散作太虚一色。万象入吾眸，星斗避光彩，风露助清幽"的情趣。这会儿，你不言，我不语，只笑意盈盈，便应了赏景、赏情、赏心这三个词。

选了一个好时节，中秋赏月来了，可是它究竟是何时来的，如今却是无处可考，古时有文献记载："中秋玩月，不知起于何时，考古人赋诗，则始于杜子美。"这里提到诗，让人自然而然地想起了古时文人这个特殊的群体。

文人赏月，赏得高雅也赏得"风流"，也正是他们为我们后世留下了诸多的"蛛丝马迹"，不过这"蛛丝马迹"也具有时代特色。

唐代赏月，发乎景，止乎情，这景这情皆是相宜的，没有那诸多的感叹，如王建的"月似圆盛色渐凝，玉盆盛水欲侵棱。夜深尽放家人睡，直到天明不炧灯"，殷文圭的"万里无云境九州，最团圆夜是中秋"。

当然宋代的赏月也是发乎景，止乎情，只是那情那景感慨颇多，引人深思无限，其中最有名的要数苏轼（苏东坡）的《水调歌头》，一句"人有悲欢离合，月有阴晴圆缺，此事古难全。但愿人长久，千里共婵娟"，不知勾起了多少人的心念。

有了宋代的一抹"浓墨重彩"的勾描，明清以后，赏月倒是慢慢地回归"单纯"了。起初，每到中秋，皎洁的圆月升起之际，人们便将月饼、柚子、石榴、芋头、核桃、花生等吃的东西摆在庭院和楼台上，一边赏美景，一边谈天说地，待到月当空，肚子有些饥饿感了，便分吃摆好的东西，这月赏得是乐得自在。

到了后来，"自在"这两个字已经无法满足时代的发展了，那时的景、情、心一切都变得复杂起来，"赏月"不再是单纯的抒情与人文习

不可不知的中华节日常识（青少年版）

俗这么简单，人们给予了它很大的"厚望"，将一家人的幸福、安康、和谐全部寄托于它。这时"民间拜月"满载了一切，成了责任的"担当者"，而这一担当就到了现在，如今的中秋节人们更加注重家庭的团圆与幸福。

团圆和幸福是精神的美好寄托，它蕴意无穷，却无人看得见、摸得着、说得清，它是一种意象。而除了这意象，中秋节也留给了我们一些实实在在的"纪念"，如：月光马儿、兔儿爷等。

月光马儿是随着月神形象的变化而诞生的，明清之际，佛家和道家交融在一体，月宫里面的"主人"除了最初的嫦娥，又多了一只玉兔。这主人多了，人们要祭拜供奉的主体也就多了，贡品自然也要略加变化，于是月光马儿便荣幸而至了。

虽然月光马儿的"原型"是纸，可是纸上却绘着月光菩萨，富察敦崇在他的《燕京岁时记》中这样记载："月光马者，以纸为之，上绘太阴星君，如菩萨像，下绘月宫及捣药之兔。人立而执杵，藻彩精致，金碧辉煌，市肆间多卖之者。长者七、八尺，短者二、三尺，顶有二旗，作红绿，笆或黄色，向月而供之。焚香行礼，祭毕与千张、元宝等一并焚之。"那一笔一画，不知承载了人们多少虔诚。

兔儿爷在明末翩然而至，纪坤在他的《花王阁剩稿》中这样记载："京中秋节多以泥抟兔形，衣冠踞坐如人状，儿女祀而拜之。"从这来看，那时它带着玉兔的形象，地位很高，是人们用来祭月的对象之一。

许是兔子生性本就活泼，玉兔更是活泼，跟着时光的脚步，它玩起了"七十二变"的游戏。到了清代，它的模样更加"丰富"了，有头戴盔甲、身披战袍的武将，也有背插纸旗或纸伞的……它们有坐着的，也有站着的，形态各异。

那时，兔儿爷在富丽堂皇的宫廷之中还有一个名字——太阴君。在《宫女谈往录》中有这样一段描绘："晚饭后按照宫里的习惯，要由

皇后去祭祀'太阴君'，这大概是沿着东北的习惯'男不拜兔，女不祭灶'罢。'太阴君'是由每家的主妇来祭的。在庭院的东南角上，摆上供桌，读出神码来（一张纸上印一个大兔子在月宫里捣药），插在香坛里……就这样，由皇后带着妃子、格格和我们大家行完礼，就算礼成……"

后来兔儿爷不仅用来祭月，还成了儿童手中的中秋节玩具了。

有了"玩具"这另一重身份，兔儿爷更加顽皮了，它将自己的形象与戏曲人物联系在一起，在原来的基础上来了一个大的"颠覆"，虽然头还是兔子的，不过身子已经和人无异了，手持玉杵，趣味十足。

这么有趣的兔儿爷，谁能不爱，即便是现在，它依然是我们的"宝"，是我们北京中秋佳节的形象大使。

中秋节，团圆月。看不见的、看得见的……从祭月、赏月到拜月，它给了我们虔诚与炽热，也给了我们愉悦与期盼，它是属于我们的心灵慰藉。

中秋节祭月、赏月、拜月等习俗不可不知的常识：

1. 祭月源于远古初民对月的崇拜，这一中秋节习俗在古时非常受重视，它有专门的服饰、详细的仪程，还有专门的组织管理者以及明确的人员分配。另外这一习俗在少数民族地区也普遍存在。还有一些地方的祭月，是青年男女追求爱情的好时机，他们会在祭月结束的对歌中互表心意，结下百年之好。

2. 月神在历代皆被称为夜明之神，后来道教兴起，它又被称为太阴君。文中所提到的清代便属于后者。民间曾称月神为月姑或月姐，即嫦娥。

3. 中秋赏月之俗来源于祭月，娱乐性强，民间中秋赏月活动大约始于魏晋，盛于唐代，当然这中秋不能等同于中秋节。这一习俗在我国的少数民族地区的中秋也颇具特色，他们有"拜月""闹月""行月""跳月""偷月"等诸多活动。

4. 虽然作为中秋祭月的兔儿爷饱含了我国的历史文化与戏曲文化，但是现在的它并没有以前盛行，也非中秋节的专属工艺品了。另外关于兔儿爷，还有一些有趣的传说。

5. 兔儿爷和月光马儿作为祭月之物，并不是普遍存在的，它只是在我们老北京盛行。

第四章　数不尽，是传说

传说这个东西很奇妙，它就像是我们熟睡时的一个梦，让人觉得遥远又亲近，陌生又熟悉，真实又虚无……满满的都是神秘。而有着美好寓意的中秋节也是披上了这层神秘的外衣，有关它的传说数不胜数，嫦娥奔月，玉兔捣药，吴刚伐桂……

传说这个东西很奇妙，它就像是我们熟睡时的一个梦，让人觉得遥远又亲近，陌生又熟悉，真实又虚无……满满的都是神秘。而有着美好寓意的中秋节也是披上了这层神秘的外衣，有关它的传说数不胜数，嫦娥奔月，玉兔捣药，吴刚伐桂……

嫦娥在我国是众所周知的美人形象，自古美人配英雄，所以这个传说的另一个主人公便是我们的大英雄后羿了。

传说曾经的天空中有十个太阳，它们如熊熊篝火炙烤着大地，庄稼"不堪重负"，纷纷"归西"，没了庄稼，农民食不果腹，生活痛苦不堪。

英雄总是可以救苦难之人于水火，在这个时候，后羿出现了，他带着满心的同情，一口气登上了昆仑山的顶端，用尽"神力"，拉开神弓，九个火辣辣的太阳被射了下来。同时为了确保剩下的那个太阳不再伤害受尽苦难的无辜百姓，他还不忘命令其按时起落，造福人类。

这样一个一心为民的英雄，本就深得万人敬仰。嫦娥是幸运的，因为美貌善良，英雄最终与她共结连理，从此英雄主外，美人主内，恩恩爱爱的小日子开始了。

不过，这世间一帆风顺的事情总是没有的，后羿和嫦娥的幸福小日子并没有过多久。一次，后羿到昆仑山拜访友人，却偶遇王母，他便顺道向其求了一包长生不老的仙药。得到仙药后的后羿本是格外开心，可是他打开药包才发现，只有一颗仙药，那开心顿时散去，他不能丢下自己的妻子嫦娥，于是便把仙药暂且交给其保管。

后羿本想着待以后有机会再得一颗仙药，和嫦娥双双升天，可惜一切美好的念想都因为这颗仙药烟消云散了。

后羿射日后，名声大震，慕名前来学艺的人甚多，难免混了一些宵小进来。蓬蒙便是那宵小之一，他看到了将嫦娥将仙药藏了起来，便起了歹心，趁着后羿外出打猎的机会，装病留了下来，逼着嫦娥交出仙药。

嫦娥虽然生得极美，但是却不通晓功夫，现在面对有狩猎经验的蓬蒙，她自知不是其对手，打不过，更不能让仙药就这么被拿走了，万般无奈之下，嫦娥只得自己吞了仙药。仙药下肚，便发挥了作用，嫦娥渐渐飞上了天空。

此时此刻，嫦娥心里最多的就是不舍，她还没有来得及和恩爱的丈夫告别，就这样走了，带着满心的牵挂，她最终飞到了月亮之上。

眼看东窗事发，蓬蒙带着恐惧慌忙逃走。待后羿回来，听闻此事，悲恸欲绝。他不相信自己的爱人就这样离自己而去了，他大声呼喊着嫦娥的名字，却在抬头的一瞬间看到月宫里那个酷似嫦娥的影子，他又开始追月亮，可是，他与月亮的距离却始终如一。

几番追逐，后羿认了，他知道自己现在和嫦娥的距离是多么遥远了，既然事实已经如此，那也只能这样了。不能相守，那就相望吧。后羿让人在嫦娥最喜欢的花园里设了香案，并在上面摆上她爱吃的东西用以祭奠和怀念。

英雄和美人虽然就这样分开了，但是嫦娥却成了人们心中的月神，

大家听说嫦娥成仙之后，都开始在月下设香案进行祈求跪拜，向她祈祷平安，祈求吉祥。

其实，一些地方的中秋拜月习俗就是由这传说而来的，由美人到英雄之妻再到月神，嫦娥与中秋一般美好。

善良之人终有善报，如此善良的嫦娥怎么会一个人独守月宫呢？这画面任谁看了都会心疼的，包括可爱的玉兔。

传说玉兔是千年兔仙的小女儿，受宠的她之所以会去月宫陪伴嫦娥，是因为她的兔仙爹爹。

修行千年，得道成仙，兔仙也是不容易，当他得到玉皇大帝召见的时候，心里很是惶恐，却不想这份惶恐在未见到玉皇大帝时消散了。

兔仙来到南天门碰到了押着嫦娥的太白金星，他不明就里，便问了旁边守卫缘由。守卫将一切告诉他之后，兔仙对嫦娥起了深深的同情，他不敢想象一个人在那月宫之中是多么的孤独寂寞，于是决定尽自己的微薄之力去帮一帮嫦娥。

兔仙回去之后，将嫦娥的事情说给了妻子听，并且提出想在他们的女儿中选一个去月宫陪嫦娥。

孩子是母亲的心头肉，当兔仙的妻子听到兔仙的这个想法时，顿时泪流满面，她舍不得把任何一个女儿送到孤独的月宫中去。而他们的女儿也舍不得自己的父母，哭成一团。

面对眼前的这种情况，兔仙只得动之以情，晓之以理。他用真情打动了他的女儿，使她们对嫦娥也产生了同情，纷纷表示愿意去月宫陪伴嫦娥。兔仙为自己的女儿感到骄傲，派了最小的一个女儿去了月宫。从此，月宫上不止有嫦娥，还多了一只可爱的小玉兔。这小玉兔不仅陪伴了嫦娥，更为中秋添了文化，为文人的笔墨提供了素材。

从陆游的"丹九转徒可闻，玉兔千年空捣药"，再到谢枋得的"水劫金蜚形不术，常生玉兔药常捣"，玉兔捣药这一中秋的神话传说被

不可不知的中华节日常识（青少年版）

很多诗人引入他们的诗句之中，赋予了无数意义，给神秘的传说更添上了一层神秘的色彩，让人留恋。

当然诗人引入诗词中的中秋神话传说不光只有玉兔捣药，吴刚伐桂也"有幸"步入这一行列。李白在他的《赠崔司户文昆季》中就写道："欲折月中桂，持为寒者薪。路傍已窃笑，天路将何因。垂恩倘丘山，报德有微身。"这一句句，一层层，给吴刚伐桂这一传说也添上了文化气息。

很多人一定好奇月宫是个什么样子，它上面的广寒宫又是什么样子，而这一切也只有在传说中才能满足人们的好奇。

传说中的广寒宫前长着一棵桂树，特别枝繁叶茂，高达数百丈。最为神奇的是这棵树是永远也砍不断的，因为你前脚砍的刀口，它后脚就自愈了，好像有什么仙法护着。

这样的树理应是没人愿意花时间去砍的，吴刚是个例外。传说他的故乡在汉朝西河，当年跟随仙人修道，好不容易得道入天界，却一不小心犯了天规，被贬到这月宫中砍这永远也砍不断的桂树。将所有的时间都用在不可为的事情上，这惩罚也是够重的。

下面再来说说关于月饼的神话传说。

这个关于月饼的中秋传说名为"朱元璋与月饼起义"。传说中我们眼里的中秋节令食品——月饼非常"了不起"，它在一场战争中起了至关重要的作用。

元朝末期，统治阶级分外残暴，让人难以忍受，各地人们的起义诞生了。朱元璋深知一盘散沙，终究难成大事，便将各处的起义力量聚集在了一起，准备进行一次彻底的大起义。

可是起义不是小事，胜了皆大欢喜，败了就是无数条人命。而在当时的情况下，朝廷对起义的镇压力度相当大。互通消息成了朱元璋头疼的事情。

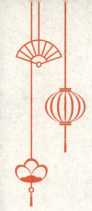

最后军师刘伯温想了一个好办法——将写着"八月十五夜起义"的纸条藏到我们吃的饼子里面去，然后把饼子再送到各处，这样一来他们顺利躲过了朝廷的搜查，也顺利传递了消息。

农历八月十五夜各路人马响应起义，打朝廷一个措手不及，起义以胜利而告终。朱元璋大喜，将"大功臣"月饼作为节令食品分发给群臣吃。此后，农历八月十五中秋节吃月饼这一习俗便流传开来了。

不过传说究竟只是传说，它为文化添了色彩，是文化的组成部分，却不能代替文化。

数不尽，是传说。关于中秋节的传说还有很多很多，我们数不尽，也写不完，不过这都没关系，我们只要知道它的存在是我们文化繁荣昌盛的结果即可。

中秋节传说之嫦娥奔月、玉兔捣药、吴刚伐桂等不可不知的常识：

1. 嫦娥奔月、玉兔捣药、吴刚伐桂等中秋节传说在我国的每个地方都有不同的说法，文中并未一一去讲解，而是只选取一种主要的说法细说。

2. 传说虽然也是组成文化的一部分，但是它并无证可考，不具备事实性，不能作为某种凭证而存在。

3. 中秋节的传说还有很多，文中介绍的只是稍具代表性的一部分，并非全部。

不可不知的中华节日常识（青少年版）

第七篇
重阳节

重阳"菊"，遍地"开"，这菊是花，是有"脸蛋"、有"身材"、有"价值"的花，中看也中用；这菊也是"化"，是有"历史"、有"内涵"、有"韵味"的文化。它们开在培育它的"土壤"中，开在漫漫历史长河中，开在华夏大好河山的角落中。

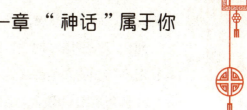

第一章 "神话"属于你

"神话"属于你，起源、传说、历史……或虚或实，或真或假，这些对于农历九月九日的重阳节都不重要，而重要的是那些东西正是因为重阳节才会存在，它们是属于重阳节的"神话"，也是属于我国节日文化的"神话"。

"独在异乡为异客，每逢佳节倍思亲。遥知兄弟登高处，遍插茱萸少一人。"王维的一首《九月九日忆山东兄弟》流传千古，道出了佳节那登高、插茱萸的习俗，也道出了自己在佳节时对故乡亲人的思念，而这佳节便是重阳节。

农历九月九日，是我们的传统重阳节，有时也被称为重九节、晒秋节等。其名称来源要从我们古老的《易经》说起，在《易经》中"六"为阴数，"九"为阳数。而九月九，双九即双阳即重阳。

"传统"这两个字分量总是很重的，任何事物，只要前面有它，那其历史定是相当悠久的。而重阳节在它的"庇护"下，悠久得有点"过分"，让人找不到"根"。

有人说重阳在春秋战国时期就已经"现身"了，不过那时它只属于繁华的深宫。后来到了汉代，刘邦后宫中的吕后谋害了戚夫人，其一位贴身侍女被逐出了宫中，同时也把重阳节带到了宫外，其佩茱萸、食蓬饵、饮菊花酒的习俗也开始在民间流传起来。

如今，这说法无处考证，我们只把它当作重阳节的一个"神话"传了下来。现在我们可以看到的最早的关于重阳节的记载是在三国时

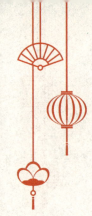

期，曹丕在其《九日与钟繇书》中写道："岁往月来，忽复九月九日。九为阳数，而日月并应，俗嘉其名，以为宜于长久，故以享宴高会。"

重阳节在三国时期"崭露头角"之后，后来的身影渐渐清晰起来。晋代时期陶渊明在他的《九日闲居》诗序文中写道："余闲居，爱重九之名。秋菊盈园，而持醪靡由，空服九华，寄怀于言。"可见重阳节里的菊花和酒，也在这个时候与我们"见面"了。

到了宋代，孟元老在他的《东京梦华录》、周密在他的《武林旧事》中，对重阳节的记载和描述更是详细。

……

到了 1989 年，中国政府更是将农历的九月初九定为"老人节""敬老节"。它也以这一身份继续在历史的长河中行走着，此时作为旁观者的我们，一定觉得重阳节的这一路走得着实不短，甚至可以称得上是"神话"了。

重阳节，一个传统的节日，在它的来源上有很多"岔道"，现在痕迹还比较鲜明的有两条。

这第一条源头较长，脚步踏下去，一走就到了先秦时代。《吕氏春秋·季秋纪》有云："（九月）命家宰，农事备收，举五种之要。藏帝籍之收于神仓，祗敬必饬。""是月也，大飨帝，尝牺牲，告备于天子。"由这记载我们可以看出早在那时的农历九月，人们已经开始借用这农作物的丰收之际来祭祖、祭飨帝等祭祀活动来感恩戴德、表达谢意了。

汉代时，《西京杂记》继续了先秦的步伐，其有记载："九月九日，佩茱萸，食蓬饵，饮菊花酒，云令人长寿。"在这里，我们可以看到当时农历九月九日有了佩茱萸、食蓬饵、饮菊花酒等习俗，人们还借此来求长寿。

再后来，《荆楚岁时记》有云："九月九日，四民并籍野饮宴。"隋代杜公瞻有注云："九月九日宴会，未知起于何代，然自汉至宋未改。"这两段记载皆描述了农历九月九日的大型饮宴活动，据说这活动还是由先秦时庆丰收的宴饮演变而来的。不过不管它怎么来，我们可以确定的是，求长寿和饮宴是农历九月九日最初的"内涵"。

在三国时期，魏文帝曹丕在其《九日与钟繇书》中说："岁往月来，忽复九月九日。九为阳数，而日月并应，俗嘉其名，以为宜于长久，故以享宴高会。"在这描述中，我们可以看出当时的重阳节已经定型了，并确立了求长寿、戴茱萸、酿菊酒、赏菊等节令习俗。

这重阳节的第二条路，"风格"与第一条有异曲同工之妙，也是由祭祀开的头，说是它的原型之一是古时候祭祀"大火"的仪式。

"大火"即心宿二，是古时候季节星宿的标志，那时人们常常"仰仗"它，将它作为季节生产与生活的时间坐标。可惜的是，它并非一直"存在"的，它会隐退，就在秋高气爽的农历九月。

《夏小正》有云"九月内火"，这"大火"的消失给"仰仗"它的人们带来了惶恐，秋去冬来，没有了丰收，取而代之的是寒风飘飘、雪花纷飞……那样的时代、那样的条件，这对古人来说确实蛮可怕的，然而更可怕的是，面对这种情况人们什么也不能做，只能默默地等待。

可是等待也要有一颗真诚的心，许是为表真诚，专为"大火"而举行的送行仪式诞生了。这表真诚的仪式虽不"猖狂"，没有弄得古今人尽皆知，但也留下了不少影子，如在江南的一些地方就有重阳祭灶即祭火神的风俗习惯。另外在汉代刘歆的《西京杂记》中也有记载："三月上巳，九月重阳，使女游戏，就此祓禊登高。"可见不光重阳，就连上巳、寒食这些节日也都是以"大火"的去来为依据的，可见这"大火"在人们心中的地位着实不一般。

直到生活的技术前进了，人们的思想认知丰富了，"火历"（关于大火星的上古历法）才渐渐消退，主动"退位"，相迎的仪式也随之

消逝了。

　　仪式虽然不再，人们的敬畏之心也还是有的，毕竟秋去冬来，作为夏、冬中间的秋在气候、节气上都是一个很好的过渡。待严寒而至，一切都不一样了，所以趁着这个过渡时机登高望远、游玩未尝不是一种仪式，春有"踏青"，秋有"辞青"，这也算是有始有终了。

　　两条路，两条痕迹，不管我们顺着哪一条走都有重阳的源头，都有重阳的痕迹。所以我们也不必再执着它的"来路"了，我们只需知道重阳节曾在一条条漫长之路上边走边充实自己，最终以不一样的面貌展现在我们面前。它不仅有登高、野宴等节令活动和其他的游戏等，还有敬老这层有意义的内涵就足够了。"实话"也好，"神话"也罢，它都是属于重阳节的。

　　重阳节有不少"神话"，它分"初始版"和"演化版"。初始版出现较早，其在梁朝吴均的《续齐谐记》中有详细的记载："汝南桓景随费长房游学累年，长房谓曰：'九月九日，汝家中当有灾。宜急去，令家人各作绛囊，盛茱萸，以系臂，登高饮菊花酒，此祸可除。'景如言，齐家登山。夕还，见鸡犬牛羊一时暴死。长房闻之曰：'此可代也。'今世人九日登高饮酒，妇人带茱萸囊，盖始于此。"

　　比起初始版，演化版稍具戏剧性，更符合"神话"这两个字。那是一个离我们很遥远的传说，传说中的故事发生在东汉时期。

　　据说那时的汝河有一个专门给人带来厄运的瘟魔，它只要一出来，当地的人们就会被疾病缠身，甚至丧命，任何大夫、医药都拿它没有办法。人们饱受它的摧残，无数生灵被荼害，而桓景的父母就是那无数生灵中的两个。

　　瘟魔夺走了桓景父母的性命之后，他也染上了疾病。不过还好，老天垂怜，他并没有因此丧命。许是感受到了瘟魔的可怕，身体好后的桓景不像其他村民那样再"坐以待毙"了，他决定主动出击，去寻找打败瘟魔的办法。

就这样，桓景离开了妻子，离开了家乡，开始了他的访仙学艺之路。路漫漫，他一个人风餐露宿，四处打听，访了无数名山仙士，终于功夫不负有心人，他在仙鹤的帮助下找到了一位法力无边的仙人。

仙人被桓景的锲而不舍所感动，悉心教他仙法，而桓景时时不忘家乡受苦受难的乡亲和死去的父母，发愤图强的练习仙法，决心早日回去降妖除魔。

就在农历九月九日的前夕，仙人告诉桓景他已学成本领，并告知他九月九日瘟魔会出来作乱，让他回去准备。临走时，仙人还送了桓景一包茱萸叶、一盅菊花酒，并秘密授予其辟邪用法，然后才让其驾着仙鹤向家乡赶去。

回到家乡的桓景牢记仙人的嘱咐。农历九月九日清晨，他把所有的乡亲都带到家乡附近的山上，并给每人分发一片茱萸叶、一盅菊花酒，为降服瘟魔作准备。

待到中午，瘟魔果然来到了汝河，但是这次不同于往常，它的嚣张瞬间就不见了，原来是茱萸的奇香和菊花酒气是它的克星，瘟魔知道情况不妙，赶忙逃跑。可桓景又怎么会放过它？拿着宝剑就追了出去，没多久，瘟魔便做了桓景的剑下魂。而九月九日登高的习俗也从此流传了下来。

"神话"属于你，起源、传说、历史……或虚或实，或真或假，这些对于农历九月九日的重阳节都不重要，而重要的是那些东西正是因为重阳节才会存在，它们是属于重阳节的"神话"，也是属于我国节日文化的"神话"。

重阳节起源、历史、传说等不可不知的常识：

1.农历九月九日是我国的传统节日重阳节，文中所说的九月九日皆是指农历。

2.重阳节还有一个名字叫做辞青节，而我们的清明节有踏青这一习俗，这都与时节有关。

3.关于重阳节的起源如今并无确凿证据证实，说法不一，文中介绍的是较为广泛的两种。另外关于重阳节的传说也有很多，不止文中所提到的一种。

第二章　登高，佩茱萸

　　登高，佩茱萸，曾经重阳节的"左膀右臂"，人们节日里重中之重的节令习俗，如今不管它们在与不在，变了抑或保持原状，人们心里都还是有它们的。相信只要是华夏民族的子孙，我们在看到"登高"或者"佩茱萸"这些字眼的时候，首先想到的定是我们的传统节日重阳节即登高节、茱萸节。

　　"江涵秋影雁初飞，与客携壶上翠微。尘世难逢开口笑，菊花须插满头归。但将酩酊酬佳节，不作登临恨落晖。古往今来只如此，牛山何必独沾衣。"杜牧的一首《九日齐山登高》不仅写出了九月九日重阳节登高之俗，还道出了登高之"情"，这情或积极旷达或消极悲观，都算为这登高之俗抹了一层意犹未尽的韵味。

　　"登高望远"，如今让我们站在历史的高处、经济的高处、文化的高处，一起向远处望一望，望一望重阳节的登高之俗源于何处，又终于何处。

　　重阳登高之源，有山神崇拜一说。那时人们认为"九为老阳，阳极必变"，九月九是双阳日，这日子在人们心中可是不怎么吉利，日子不吉利，那人们就要做一些"挽救措施"。所以当大家听说山神可以帮人们消除灾难的时候，便纷纷开始登山辟邪求吉利了。久而久之，重阳登山便成了习俗，即使经历了沧海桑田。

　　重阳登高之源，也有时节性一说。农历九月初九，秋的丰收和忙碌已然过去，人们正当闲。这个时节闲得正好，秋高气爽，漫山

163

遍野，绿意还未褪去，果香药香正浓，登高一次的丰收可不亚于农田里的丰收。这既能散心又能"满载而归"的活动，真是何乐而不为啊！

重阳登高之源，还有一些比较"杂乱琐碎"的说法，可是不管怎么说，终究也不离这辟邪、时节之宗。不过有源就有始，虽然登高作为重阳节的习俗始于何时何处我们看不清也道不明，但是历史上关于登高记载之始，我们还是可以窥探得到。

《楚辞·九怀》中有这样的记载："悲哉，秋之为气也，萧瑟兮草木摇落而变衰，憭栗兮若在远行。登山临水兮送将归，沈寥兮天高而气清，寂寥兮收潦而水清。"由此我们可以窥探到当时那暮秋登高的场景。

《西京杂记》中有这样一段记载："三月上巳，九月重阳，士女游戏，就此祓禊、登高。"这记载中说的是汉高祖刘邦时期的习俗，看来那时登高已经与重阳节走到一起了。

后来，重阳节的登高活动已经丰富起来了，不仅可以赏美景，还可以品美味，美景配美味，着实妙哉！

《梦粱录》（卷五）中有记载："日月梭飞，转盼重阳。……是日'孟嘉登龙山落帽，渊明向东篱赏菊'，正是故事。"这又登高又赏菊的，别有一番情趣。

《燕京岁时记》中有云："京师谓重阳为九月九。每届九月九日则都人提壶携楹，出都登高。南则天宁寺、陶然亭、龙爪槐等处，北则蓟门烟树、清净化域等处，远则西山八处。赋诗饮酒，烤肉分糕，询一时之快乐也。"这场面、这阵势、这情形，处处都彰显着清朝时期北京重阳节登高的兴盛，让人叹为观止。

当然，重阳节在我们的大好河山中印记颇深，除了北京，它也在其他的很多地方辉煌过，不但过去，而且还影响到了现在。

在广州，白云山可是人们重阳登高的好地方，大家约上好友、家人，带上美酒，一起登山赏景，有情趣的再赋诗几首，甚是热闹。

上海是平原地区，山丘极少，不过这也挡不住人们在重阳节登高，沪南的丹凤楼、豫园的大假山、二十四层高的国际饭店等都曾是他们重阳节的登高之地。

"乾坤开胜概，我辈合登高""东风留不住，冉冉起峰头""九月欣新霁，三农庆有秋"等名言道出了山西省南部地区人们重阳节的登高习俗。每逢重阳，那里的人们登高观景，好不惬意。

湖北江陵龙山的重阳节因为有晋代孟嘉落帽的落帽台古迹而小有名气，每逢重阳，总是能够吸引不少人前去观看。

不过要说这重阳节登高最有名、最受欢迎的地方当属江西南昌的滕王阁了，当初王勃的一篇《滕王阁序》给它添了浓浓的文化色彩，所以它自带磁性，吸引着人们慕名而来。

……

重阳节登高，有景、有情、有心，在我国各地各具自己的特色，难怪重阳节愿意以它作为自己的一个别名——登高节。

和登高"地位"相当，佩茱萸作为重阳节的一种习俗，也被重阳节"喜爱"，有了另一个别名——茱萸节。

茱萸，又别名"越椒""艾子"，是一种自带香味的常绿植物，有"脸蛋"、有"味道"的它，还有难能可贵的实用性——杀虫消毒、逐寒祛风。《本草纲目》中对它的描述：气味辛辣芳香，性温热，可以治寒驱毒。

看到这里，定有不少人会想到端午节的艾草、菖蒲，它们也具备这些作用。其实重阳节的茱萸与端午节的艾草、菖蒲却有异曲同工之妙。过了重阳，便进入农历十月小阳春，天气非但没有变凉爽，反而会有一段时间比之前还要热几分。那时，借着盛开的桂花，蚊虫也趁机活跃起来，搅得人好不安生，因此那时驱虫成了人们常做的一件事

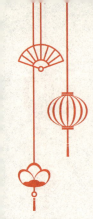

情，而茱萸就是人们用来驱虫的好"武器"。

重阳节佩茱萸驱虫是实用的，但是重阳节最初与佩茱萸联系在一起却不是驱虫，而是辟邪去灾，这见于前面所提到的《续齐谐记》中桓景的故事与传说。

在传说之后，东晋葛洪的《西京杂记》也对这重阳节佩茱萸的习俗有一些相关的记载。后来到了唐代，茱萸在重阳节出现的频率就越来越高了，单是古诗就让人应接不暇，李煜的"茱萸香堕，紫菊气，飘庭户，晚烟笼细雨"。王昌龄的"茱萸插鬓花宜寿，翡翠横钗舞作愁"。杜甫的"北阙心长恋，西江首独回。茱萸赐朝士，难得一枝来。"……

这一首首脍炙人口的诗句，充分说明了重阳节佩茱萸在唐朝时期的兴盛。不过这兴盛没有持续多久，后来随着人们认识的不断提高，"辟邪去灾"这四个字在人们心中也没有那么重要了，在宋元之后，它就很少再"现身"了，它在重阳节的地位逐渐被菊花所取代。

虽然最终被代替了，虽然没有一直跟着历史的步伐走下去，但是茱萸在重阳节的地位是无可替代的，因为它曾被人们亲切地称为"辟邪翁"，曾在不同时期、不同地方大放光彩……而这些属于它的辉煌，任谁也无法掩盖。

拿佩戴茱萸比较兴盛的唐朝来说，那时仅茱萸的佩戴方式就有很多不同。那会儿，人们有的将茱萸戴在自己的胳膊上，还有的将茱萸插在自己的头上，也有一些人不是直接佩戴茱萸的，而是自己先做一个漂亮的香袋，然后将那茱萸放进香袋里面再佩戴，当时人们称之为茱萸囊，倒是和端午节的香囊有几分相似。另外，这个时候的重阳节佩茱萸除了这些特色外，佩戴之人也有讲究。那会儿佩戴茱萸的多为妇女和儿童，只在个别地方才有男子佩戴。

再拿佩戴茱萸习俗渐渐凋落的宋代来说，那会儿，人们除了在重阳节佩戴茱萸外，还有人用他们的灵巧之手，将彩缯剪成茱萸或者菊花的模样，互相赠送佩戴。

……

重阳节，佩茱萸，如今这节日习俗已经不再盛行了，但是我们不得不佩服重阳节的"好眼力"，习俗虽然不再盛行，但茱萸本身却以另一种身份重回人们的视野之中。

如今的茱萸不仅在医学界略有名气，还在"美学界"颇有"用武之地"。它本身富含多种营养成分，从皂甙、鞣甙到维生素 C 等，在可抑制一些真菌繁殖的同时也有一定的利尿、降压、防癌等作用；而它所结的果子是中成药十全大补丸、六味地黄丸的主要成分之一，有补肝肾、涩精气、固虚脱、健胃等作用。

常绿植物在环境绿化中本就是受欢迎的，茱萸也不例外，现如今不少的园林有它的影子，不少的庭院也有它的影子，不少的草坪还有它的影子，这情形用"无处不在"这四个字来形容真是再恰当不过了。

登高，佩茱萸，曾经重阳节的"左膀右臂"，人们节日里重中之重的节令习俗，如今不管它们在与不在，变了抑或保持原状，人们心里都还是有它们的。相信只要是华夏民族的子孙，我们在看到"登高"或者"佩茱萸"这些字眼的时候，首先想到的定是我们的传统节日重阳节即登高节、茱萸节。

重阳节登高、佩茱萸等习俗不可不知的常识：

1. 重阳节又叫登高节、茱萸节。

2. 登高在史料中的记载很多，前文介绍的只是具有代表性的一部分，很多没有提到。如：《长安志》中的重阳游玩、"龙山落帽"的故事、前文提到的桓景的传说等。

3. 重阳节后，气温稍有回升，比之前要暖，但是那时秋雨也特别多，那暖里带了几分潮湿，而那时又恰逢桂花盛开，所以那个时节又被人们成为"桂花蒸"。

第三章 重阳"菊"，遍地"开"

重阳"菊"，遍地"开"，这菊是花，是有"脸蛋"、有"身材"、有"价值"的花，中看也中用；这菊也是"化"，是有"历史"、有"内涵"、有"韵味"的文化。它们开在培育它的"土壤"中，开在漫漫历史长河中，开在华夏大好河山的角落中。

"满园花菊郁金黄，中有孤丛色似霜。还似今朝歌舞席，白头翁入少年场。"白居易用一首《重阳席上赋白菊》寄了他的情，显了菊在重阳节的"意"。

因为重阳节有赏菊和饮菊花酒的习俗，所以重阳节又叫菊花节。菊花又名黄花、九花，是花中四君子之一，曾经还被赋予了长寿了含义，能将这样厉害的花"收"到自己的习俗之囊，这重阳节还真是不"简单"。

众所周知，菊花并非生来就属于重阳节的，人们至今能够看到的它与重阳节的首次"会面"，是在汉魏时期，曹丕的《九日与钟繇书》中说："九月九日，草木遍枯，而菊芬然独秀，今奉一束。"九月深秋，花草枯荣，唯菊花乍然盛开，确实是一道该赏的风景。

菊花对重阳也有"意"，它们并没有在首次会面之后一拍两散、分道扬镳，相反它们之后的"约会"更加频繁了，为后人留下了不少"佳话"。

唐朝张继的《九月巴丘杨公台上宴集》云"江汉路长身不定，菊花三笑旅怀开"，孟浩然的《过故人庄》云"待到重阳日，还来就菊

花"……这时，它不仅是重阳独有的风景，还是重阳人人爱之的"宠儿"。

宋代孟元老的宋代《东京梦华录》有云："九月重阳，都下赏菊，有数种。其黄、白色蕊者莲房曰'万龄菊'，粉红色曰'桃花菊'，白而檀心曰'木香菊'，黄色而圆者'金龄菊'，纯白而大者曰'喜容菊。无处无之。"这时黄的、白的、粉的……竞相开放，像极了韵味十足的花展。

明代散文家张岱在《陶庵梦忆》中有云："兖州绍绅家风气袭王府。赏菊之日，其桌、其炕、其灯、其炉、其盘、其盒、其盆盎、其看器、其杯盘大觥、其壶、其帏、其褥、其酒；其面食、其衣服花样，无不菊者夜烧烛照之，蒸蒸烘染，较日色更浮出数层。席散，撤苇帘以受繁露。"这描述中的赏菊多么郑重其事，不过也许正是因为人们的这般郑重其事，菊花才会被感动，将它另一面的美丽展现给世人看。

清代富察敦崇在其《燕京岁时记》中有云："九花者，菊花也。每届重阳，富贵之家，以九花数百盆，架度广厦中前轩后轾（作者注：轩轾，车前高后低叫轩，前低后高叫轾，比喻高低优劣），望之若山，曰'九花山子'。四面堆积者，曰'九花塔'。"看来古人早就懂得"团结就是力量"这句话的真谛了，一枝独秀不如百枝齐聚，他们将菊花集中到了一起，来欣赏凝聚的魅力。

凝聚的魅力是无穷尽的，它穿过历史一直传递到了现在。现在很多地方都有菊花展，如上海和河南的开封等地，届时千千万万的菊花，形态各异，集中到一起，它们有的被扎成动物、植物的形状……万分美丽，惊艳了无数前去观赏的人。

美丽的菊花心也是美的，它还具有清肝明目的作用，可能是因为这个作用，古人将饮菊花酒作为重阳节必做的一件事情，并且还把它当作"吉祥酒"，用来祛灾祈福、求长寿。

细细看来，从古到今，心灵的慰藉也好，延年益寿的美好祈愿也罢，菊花酒都实实在在地为人们奉献着它的一切。《西京杂记》中有记载："菊花舒时，并采茎叶，杂黍为酿之，至来年九月九日始熟，就饮焉，故谓之菊花酒。"《续齐谐记》中有记载："九月九日……饮菊酒，祸可消。"《荆楚岁时记》也有记载："九月九日，佩茱萸，食莲耳，饮菊花酒，令长寿。"……

从辟邪消祸到求长寿，菊花酒都兢兢业业，为重阳节倾尽所有。

当然它的"主心骨"菊花也是如此，即使时光走到现在，人们将它从重阳节中渐渐淡忘，它也依然如故，做药、做糕点、做枕芯……它就这样做着它能做的一切。菊花，作为重阳之花，它开到了人们的心田。而在重阳节里，像这样开到人们心田的"菊"还有很多，它们伴着重阳，"开"遍了祖国各地。

"九月里九重阳，收呀么收秋忙。谷子呀，糜子呀，上呀么上了场。"这歌一听就具有陕北特色，九月秋收季，地处中原的陕北，自然是忙于农事了。因为白天要忙于收割、打场，所以那里的重阳节，人们一般都是在晚上过的。农历九月九日那天，人们忙完吃过晚饭，这时弯弯的月儿也已爬上枝头，伴着一丝月光，人们从家里出发，往附近的山上进发。虽是黑夜，可这一路上有说有笑的，甚是欢快热闹，还有大人趁着这个时间顺手采几朵野菊花插在女儿的头上用来辟邪呢。

位于河北廊坊市的香河县在重阳节这一天有"追节"的习俗，即亲家之家相互送个礼物，以表祝贺，图吉祥。

湖北省的应城，重阳节这一天对人们来说意义重大，那是他们还愿的日子，所以每到农历九月九日，那里的人们大多会去祭拜"农神"田祖。

河南省东北部的清丰县，重阳节是孩子们颇为欢喜的节日。那一

天大人们会给他们准备纸鸢，让他们尽情地玩个痛快。

广东省阳江市的重阳节与河南省清丰县的有些相似，也有放纸鸢的习俗，不过这游戏并不是小孩子的专属，成年人也喜欢，人们还将藤弓系在纸鸢上，让其在空中发出嘹亮悦耳的声音。

安徽的铜陵县农历九月九日这一天有专门为重阳节准备的龙烛会，这会用来迎接人们心中的山神，颇为热闹。除此之外，那里的人们为了驱逐疾病，还会在那一天削竹马为戏，也是很有趣的。

有"山川之宝，惟德乃兴"之意的江西省德兴市，古时的重阳节和陕北地区有些相似，人们都是在忙碌中度过的，不过后者割麦，前者则是收割晚稻，一年一度农历九月九，德兴市的人们都在质朴的劳动中度过，也是蛮有意义的。

浙江省绍兴的重阳节是人们联络感情的好时机。那一天，那里的人们亲友间都会相互拜访。

曾有"小苏杭"之称的漳州市海澄镇，农历九月九日重阳节有放风筝的习俗。

……

重阳"菊"，遍地"开"，这菊是花，是有"脸蛋"、有"身材"、有"价值"的花，中看也中用；这菊也是"化"，是有"历史"、有"内涵"、有"韵味"的文化。它们开在培育它的"土壤"中，开在漫漫历史长河中，开在华夏大好河山的角落中。

重阳节各地习俗等不可不知的常识：

1. 花中四君子指的是梅、兰、竹、菊。

2. 现在的菊花展并不是在固定的重阳节这一天。为了吸引更多的人前去观看，举办方常常会把菊花展的时间安排在假期，如国庆节等，那个时节的人流量非常大，要比重阳节热闹得多。另外，上海的菊花展还以新巧、高贵、珍异等评判标准来分高下。

3. 历史上关于赏菊和饮菊花酒的介绍颇多，尤其在唐朝极为盛行，文中并未一一介绍。另外赏菊这一习俗在古时候多和登高、插茱萸等一起出现。

4. 文中所介绍的各个地方的重阳节习俗，大部分都是旧时的习俗，那些习俗在现在的重阳节基本上已经被人们所淡化了，留下来的少之又少。而且现在有很多地方尤其是农村地区，很多人对重阳节这一传统节日了解甚少。

第四章　重阳糕节节高，继传统敬老人

重阳糕，节节高——重阳节本就有登高望远的习俗，这又外加了一个"高"的谐音"糕"，两个"高"在它的身后做动力，想必它定不负众望，越来越往高处"走"。既然"外"在的已经往"高"处去了，那"内"在的，为了保持平衡也不会落后。继传统，敬老人，这便是重阳节的"内"在美，是它的传承意义，在传承的路上，有它做坚实的后盾，重阳节将会经久不衰。

"中秋才过又重阳，又见花糕各处忙。面夹双层多枣栗，当筵题句傲刘郎。"一首《都门杂咏·论糕》咏出了重阳节节令食品花糕的"味道"。

花糕即重阳糕，因爱"美"的人们常常会在它的"面部"做一些装饰——撒桂花，又得名桂花糕，它是有着厚重历史积淀的重阳节节令食品。

重阳节吃重阳糕的习俗，在众多古籍中存在相关文字记载。北宋的《岁时杂记》中载："重阳尚食糕，……大率以枣为之，或加以栗，亦有用肉者。"

同为北宋时期的《东京梦华录》中载："前一二日，各以粉面蒸糕遗送，上插剪彩小旗，掺飣果实，如石榴子、栗子黄、银杏、松子之肉类。又以粉作狮子蛮王之状，置于糕上，谓之狮蛮。"

南宋时期的《梦粱录》中载："此日都人店肆，以糖、面蒸糕，上以猪羊肉、鸭子为丝簇飣，插小彩旗，各曰重阳糕。"

《武林旧事》中载："都人是月饮新酒……且各以菊糕为馈，以糖肉秫面杂糅为之，上缕肉丝鸭饼，缀以榴颗，标以彩旗。又作蛮王狮子于上，又糜栗为屑，合以蜂蜜，印花脱饼，以为果饵。”

到了明代，《帝京景物略》中载："九月九日……饼面种枣栗其面，星星然，曰花糕。糕肆准纸彩旗，曰花糕旗。父母家必迎女来食花糕。"重阳节，一家人坐在一起吃花糕，花糕美，场面更美，一切都让人留恋。

现在的重阳糕虽不像古代时那样盛行，却仍受人们喜爱，尤其是较为流行的江浙沪地区。那里的重阳糕做得格外精致，无论是糕点铺子里卖的，还是自家做的，无不体现出一种优雅的时尚美。

众所周知，重阳节又称老人节、敬老节，而蒸重阳糕给老人，也是人们孝敬老人的一种方式。

敬老，爱老是我们中华民族的传统美德，自古以来，我们也一直都在继承与发扬。

……

重阳糕，节节高——重阳节本就有登高望远的习俗，这又外加了一个"高"的谐音"糕"，两个"高"在它的身后做动力，想必它定不负众望，越来越往高处"走"。既然"外"在的已经往"高"处去了，那"内"在的，为了保持平衡也不会落后。继传统，敬老人，这便是重阳节的"内"在美，是它的传承意义，在传承的路上，有它做坚实的后盾，重阳节将会经久不衰。

重阳节做重阳糕和敬老人等传统习俗不可不知的常识：

1.除了花糕和桂花糕，重阳糕还有菊糕、发糕等别名。另外在以前的重阳节，娘家人要到婆家去接自己已经嫁过去的女儿回家过节，因此重阳节也叫"女儿节"。

2.重阳节的主题之一是敬老、爱老、助老。

第八篇
腊八节

他食粥，我吃面，品不完的腊八味儿，道不尽的腊八情。腊八粥是香浓醇厚的，味道香浓，历史醇厚；腊八蒜是不朽的"瑰宝"，它拥有翡翠碧玉的绿色，永不褪，永不变……它们用它们独有的"味道"为腊八润色，腊八用它独有的"能力"为它们守护，它们与腊八相依相偎，永不言弃。而这一切感动着我们，也影响着我们，它们之于腊八，就如同腊八之于我们，我们的生活正是因为有了节日的气息和文化而变得更加丰富多彩。

第一章 他食粥，我吃面

他食粥，我吃面，品不完的腊八味儿，道不尽的腊八情。腊八粥是香浓醇厚的，味道香浓，历史醇厚；腊八蒜是不朽的"瑰宝"，它拥有翡翠碧玉的绿色，永不褪，永不变……它们用它们独有的"味道"为腊八润色，腊八用它独有的"能力"为它们守护，它们与腊八相依相偎，永不言弃。而这一切感动着我们，也影响着我们，它们之于腊八，就如同腊八之于我们，我们的生活正是因为有了节日的气息和文化而变得更加丰富多彩。

农历十二月有腊冬、残冬、腊月、冰月、余月、清祀、冬素等多种称呼。其中，人们最为熟知的当属"腊月"。

之所以叫"腊月"，是因为"腊"是古代祭祀祖先和百神的"祭"名，有"冬至后三戌祭百神"之说，即每逢冬至后的第三个纪日干支中含有地支"戌"的日子，南北朝时期固定于农历十二月初八，先民都要猎杀禽兽举行大祭活动，拜神敬祖，以祈福求寿，避灾迎祥。这种祭礼仪式称为"猎祭"。

因"腊"与"猎"通假，"猎祭"遂写成了"腊祭"，因而年终的农历十二月被叫作腊月。此风俗起源于秦汉时期，到公元前221年，秦始皇统一中国，下令制定历法，将冬末初春新旧交替的农历十二月称为"腊月"，农历十二月初八叫作"腊日"。

而农历十二月初八即为腊八节，民间在这一天有喝腊八粥的习俗。

腊八粥又叫"七宝五味粥"，是腊八节流行的节令饮食。

宋代孟元老在他的《东京梦华录》中有这样一段关于农历十二月初八腊八节的记载"诸大寺作浴佛会，并送七宝五味粥与门徒，谓之'腊八粥'。都人是日各家亦以果子杂料煮粥而食也"。看来这时的腊八粥是与源自印度的佛教颇有渊源，它还被称为"佛粥"，陆游有诗云"今朝佛粥更相馈，反觉江村节物新"。

腊八粥虽有"佛粥"这个别名，但也并非是僧人的"专属"，普通百姓也是要吃腊八粥的。宋代周密又在其《武林旧事》中说："八日，则寺院及人家用胡桃、松子、乳蕈、柿、栗之类作粥，谓之'腊八粥'。"这粥以果子、杂料为原料而煮，浓浓的香味飘了很远。

这"香"到了元代也是可以嗅到的，孙国敉在其《燕都游览志》中说："十二月八日，赐百官粥，以米果杂成之。品多者为胜，此盖循宋时故事。"它在宋代的基础上做了延续也做了发展，使这腊八粥的"味道"更加浓厚了。

清代富察敦崇在他的《燕京岁时记》中说："腊八粥者，用黄米、白米、江米、小米、菱角米、栗子、红豆、去皮枣泥等，合水煮熟，外用染红桃仁、杏仁、瓜子、花生、榛穰、松子及白糖、红糖、琐琐葡萄，以作点染。"

民国时期的北平，每逢腊八要来临，人们就开始忙碌，提前一天将要用的米、红枣、莲子、核桃、栗子、杏仁、松仁、桂圆、榛子、葡萄干、白果、菱角、青丝、玫瑰、红豆、花生等二十余种原料准备妥当，该去核的去核，该浸泡的浸泡，该去皮的去皮……样样马虎不得。

待到半夜时分，人们便开始用微微小火炖那些事先准备好的东西了，这一炖就到了第二天早晨。这时的腊八粥才算熬制好，缕缕香气飘然而出。

……

腊八粥不仅仅是腊八节的吃食，它也曾经被用来敬神、祭祖、馈赠亲友。而馈赠亲友的最佳时间就是中午之前，馈赠完毕后，人们才开始自己食用。这馈赠除了亲友外，还有人将它送给穷苦之人，以积恩德。

除了敬神、祭祖，在以前的普通百姓眼里，腊八粥还有一项特殊的作用——增添果实。那天，人们会把腊八粥涂在院子里的果树上，据说这样可以使它们来年生出更多的果实。

在甘肃，腊八粥除了五谷还有蔬菜，除了自食、赠人还要喂牲畜。另外那里的武威地区的腊八是"素腊八"，人们吃大米稠饭、扁豆饭等素食，这些素食一般配着炸馓子、麻花同吃，当地人称其为"扁豆粥泡馓"。

与武威地区的"素腊八"相对，陕北地区的腊八是"荤"的。那里的人们将米、豆与各种干果、豆腐和肉混合在一起煮着吃。

江苏的腊八粥还分甜、咸口味。甜的较为"复杂"，里面要加的东西较多，如：慈姑、荸荠、胡桃仁、松子仁、芡实、红枣、栗子、木耳、青菜、金针菇等，而咸的则较为"简单"，里面只需加青菜和油就行了。

腊八节时，有喝粥的，也有吃面的。腊八面在地处中原的陕西很多地方也是极其盛行的。那里的人们会在农历十二月初八的早上吃一碗腊八面。

这腊八面与平日里人们吃的面有些不同，面下边的汤是人们用红豆熬的，那面要做成与韭菜叶子宽度相当才好。

腊八醋和腊八蒜说到底其实是一回事，说白了就是用醋泡蒜，这主要是华北地区的腊八节节令食品。腊八蒜对很多人并不陌生，它与我们的糖蒜大同小异，只是这腊八蒜，泡的时间自然是在农历十二月初八。蒜在醋中泡得久了，颜色也会变，最终成碧绿色的，格外漂亮，

而它也因此得了一个好听的名字——翡翠碧玉腊八蒜。

麦仁饭是西宁的腊八节节令食品。在那里，人们在农历十二月初七就开始忙碌，他们将麦仁与牛肉或者羊肉放在一起煮，同时再加上当地惯用的作料，这些经过一夜小火的煮沸，可谓香嫩可口。

……

他食粥，我吃面，品不完的腊八味儿，道不尽的腊八情。腊八粥是香浓醇厚的，味道香浓，历史醇厚；腊八蒜是永不朽的"瑰宝"，它拥有翡翠碧玉的绿色，永不褪，永不变……它们用它们独有的"味道"为腊八润色，腊八用它独有的"能力"为它们守护，它们与腊八相依相偎，永不言弃。而这一切感动着我们，也影响着我们，它们之于腊八，就如同腊八之于我们，我们的生活正是因为有了节日的气息和文化而变得更加丰富多彩。

腊八节品腊八粥等饮食习俗不可不知的常识：

腊八节时，作为节令食品的腊八粥有敬神、祭祖、祈祷丰收等意义。

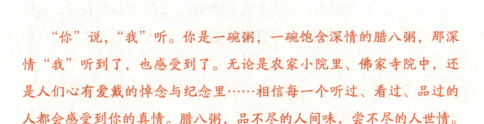

第二章 "你"说，"我"听

"你"说，"我"听。你是一碗粥，一碗饱含深情的腊八粥，那深情"我"听到了，也感受到了。无论是农家小院里、佛家寺院中，还是人们心有爱戴的悼念与纪念里……相信每一个听过、看过、品过的人都会感受到你的真情。腊八粥，品不尽的人间味，尝不尽的人世情。

农历十二月初八正值冬的严寒，严寒中的腊八粥是一顿饭，也是一缕暖，更是一份情。现在，它说让我们安静下来，将关于"腊八"的传说说与我们听，将那份情细细地与我们诉说。

这份情在农家小院里，小院里有两位至勤至俭的老人，他们每天日出而作，日落而息，庄稼、蔬菜被打理得"井井有条"，日子虽然没过得大富大贵，却也不愁吃穿。若是偶尔碰上邻居有食不果腹的，还能接济一二，甚是善良。

只是与这两位老人相反，他们的儿子却是很懒惰，人长得五大三粗，却一点活儿也不干，整日只知游手好闲。

眼看日子一天天过去，老人越来越老，儿子越来越大，老两口知道他们不能照顾儿子一辈子，决定找他好好地谈谈，劝他以后勤快一些，好好学习种庄稼。可他们的劝告儿子只当作耳旁风。

苦劝不行，老两口指望成家可以给儿子带来变化。于是他们给儿子娶了一个媳妇，可是谁承想，儿子与儿媳竟同样好吃懒做，老两口更加发愁。

看着自己满头银丝，老婆婆按捺不住心里的担忧，决定再去找儿

媳谈谈话，劝儿媳学会勤俭。可这儿媳和儿子一样，根本没有听进去老婆婆的话。

终于，老两口双双病倒，不能再像以前一样劳作了，看着依旧"懒洋洋"的儿子和儿媳，他们始终放心不下，决定最后再规劝一次。这一次，他们再三嘱咐，希望小两口能醒悟，过好今后的日子。可是直到老两口相继去世，小两口依旧没能醒悟，他们看着家里的粮食和棉布，觉得衣食无忧，何必劳作？

一段时间过去，家里的粮食和棉布越来越少，而仅有的几亩薄田也荒芜了……再后来，他们断粮了。起初邻居看他们可怜，再加之之前受过老两口的恩惠，便纷纷伸出了援助之手，给他们送些吃的、穿的。

可是邻居的好心施舍却加剧了他们的懒惰，就这样，时间久了，邻居对他们也失望了，不再给他们吃的、穿的。

后来，临近腊八，冷空气逐渐强了起来，小两口没有棉衣，没有柴火，没有食物……要多凄惨有多凄惨，躺在冰冷的炕上，饥饿侵蚀着他们。他们熬不住了，焦急地搜寻粮食，炕缝里、地缝里……漏掉的米粒和豆子都被他们扣了出来，放进锅里熬成了杂粥，此时他们才深切地体会到两位老人的良苦用心。

因此，为了给后人一个告诫，让他们真正懂得勤俭二字，人们不仅将腊八这一天吃"杂米粥"即"腊八粥"，代代相传，成为习俗，也将这个故事传了下来。

这份情在佛家寺院中，当释迦牟尼看到婆罗门统治下的世人无时无刻不在受苦之时，他心如刀割，便作出抛弃王位、出家皈依的决定。

路开始并不好走，释迦牟尼最初的修道并未取得多大的收获，可是为了受苦受难的人民，他没有放弃，一直坚持了六年。六年中，他从未忘记初心，每日只吃一麻一米，艰苦度日。

苦难总是与机遇并存，也就是在此之际，释迦牟尼有了以下的觉悟："世间的人们追逐物欲，沉迷于声色犬马之中，过分享乐，固然无法达到解脱；而一味地执着于苦行，只是使肉体上受苦，也是徒增对于身的执着，也是没有办法证悟的；只有舍弃苦乐二边，才能进趋大彻大悟的菩提大道。"这一悟对他产生了巨大的作用，他改变方法，用流水洗净身体的污垢，重新"整装待发"。

执着之人总能带给人们感动，释迦牟尼感动了两位牧牛女子，她们开始为他供奉"乳糜"，而他接受了她们的供奉。一月光景，释迦牟尼恢复了往日的身材和神采，焕然一新的他再次去河中沐浴，滋味果然不一样。

沐浴完毕，释迦牟尼来到菩提伽耶，在一棵高大茂密的菩提树下打坐，他发誓若不修成正果，宁愿碎此身，也不起此座！于是他一坐就是四十八天，当时已经是农历腊月初七了。不过功夫不负有心人，在初八凌晨，他终于修成正果，悟道成佛，成了真正的佛陀。

自此，农历十二月初八便成了佛教一个重大的带有纪念性的节日，腊八节由此而来。而人们为了纪念他，便在每年的腊八节吃腊八粥。

这份情在悼念中，这悼念与我们的万里长城息息相关。

传说在一年的农历腊月初八，修筑长城的人们把自己积攒的五谷杂粮拿了出来，混合在一起，然后熬成稀饭，一人喝了一碗。可是这一碗粥只能解决一时的温饱问题，他们最终还是难逃饿死的命运。后来人们为了悼念那些为了修筑长城而饿死在长城的工人，便用每年农历十二月初八吃"腊八粥"的方式来表达心里的五味杂陈。

这份情在怀念中，这怀念是属于抗金将领岳飞的。传说那年正值寒冬，岳飞率领他的部队在朱仙镇与金兵大战。那时最大的问题就是士兵的粮食，因为天气影响粮草运输等诸多因素，士兵已经很多顿没有吃饱了，这严重影响了作战能力。

　　而就在此时，爱戴岳家军的百姓听闻此事，都相继来给士兵们送粥，此粥也被唤作"千家粥"。将士们有粮食果腹，很快就击退了金兵，那天恰好是农历十二月初八。

　　后来岳飞被奸人所害，百姓们为了纪念他，便在每年的农历腊月初八都喝粥了，以至于后来成为习俗。

　　……

　　"你"说，"我"听。你是一碗粥，一碗饱含深情的腊八粥，那深情"我"听到了，也感受到了。无论是农家小院里、佛家寺院中，还是人们心有爱戴的悼念与纪念里……相信每一个听过、看过、品过的人都会感受到你的真情。腊八粥，品不尽的人间味，尝不尽的人世情。

第三章 "诗"话腊八

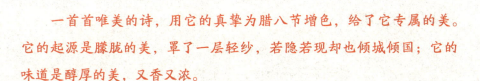

一首首唯美的诗，用它的真挚为腊八节增色，给了它专属的美。它的起源是朦胧的美，罩了一层轻纱，若隐若现却也倾城倾国；它的味道是醇厚的美，又香又浓。

腊八，这个生于寒冬的节日，像漫天飞舞的雪花，这雪花有"忽如一夜春风来，千树万树梨花开"的诗意。

古时，腊八的主旨还是祭祀诸神，魏晋时期的学者裴秀用他的"笔"为我们留下了一首腊八诗《大腊》：

> 日躔星记，大吕司晨。玄象改次，庶众更新。
>
> 岁事告成，八腊报勤。告成伊何，年丰物阜。
>
> 丰禋孝祀，介兹万祜。报勤伊何，农功是归。
>
> 穆穆我后，务蕾蒸黎。宣力蔷亩，沾体暴肌。
>
> 饮飨清祀，四方来绥。充仞郊甸，鳞集京师。
>
> 交错贸迁，纷葩相追。掺袂成幕，连衽成帷。
>
> 有肉如丘，有酒如泉。有肴如林，有货如山。
>
> 率土同欢，和气来臻。祥风协调，降祉白天。
>
> 方隅清谧，嘉祚日廷。与民优游，享寿万年。

诗的意思大致是：天上的诸神，怀着感恩、怀着敬畏，也怀着敬重，我们特在腊八这天用祭祀的方式来向你们汇报这一年的一切。

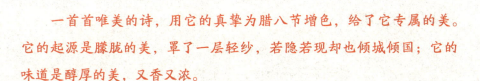

这是一个丰年，庄稼丰收了，我们不必再愁吃穿，往后只盼年年如今年，一切还要仰仗你们。

这样一幅恢弘的祭祀图，是古时人们对百神威严的敬畏，对丰收的庆祝，也是对保佑丰收者的感激。

时过境迁，腊八也成了人们欢娱的好时节，杜甫用一首《腊日》记录了当年的腊八：

> 腊日常年暖尚遥，今年腊日冻全消。
> 侵陵雪色还萱草，漏泄春光有柳条。
> 纵酒欲谋良夜醉，还家初散紫宸朝。
> 口脂面药随恩泽，翠管银罂下九霄。

冬日显春色，这也是甚好的，特别是在临近腊八，它也为其添了一抹好颜色。在如此佳节面前，功名利禄算什么？它或许远不如家乡的一杯美酒、一轮明月，辞官的念头乍然涌起，这等豁达是杜诗人的情，是节日的意。

美味佳肴不止酒肉，一碗满是诗意的粥也是好的，而腊八恰好就有这样一碗粥，陆游在他的《十二月八日步至西村》中这样写道：

> 腊月风和意已春，时因散策过吾邻。
> 草烟漠漠柴门里，牛迹重重野水滨。
> 多病所须惟药物，差科未动是闲人。
> 今朝佛粥交相馈，更觉江村节物新。

这也是一个风和日丽的腊八，寒风已飘然而去，阳光给人春意，不仅让人觉得暖洋洋的，连河边的野牛也是精神饱满……这一切都为节日应了景。一碗腊八粥，你吃、我吃，也送给邻里乡亲，让大家都尝一尝味道，尝腊八粥的味道，也尝节日的味道。

此刻想象着那画面：暖阳高照，溪边野牛的脚印排成一排，家家户户炊烟四起，都在熬腊八粥。香味在空气中弥漫，越来越浓，待到最浓时，腊八粥出锅，或许已到了你的面前、嘴边，真是满满的诗情画意。

清朝时期，道光帝作了《腊八粥》一诗：

> 一阳初夏中大吕，谷粟为粥和豆煮。
>
> 应时献佛矢心虔，默祝金光济众普。
>
> 盈几馨香细细浮，堆盘果蔬纷纷聚。
>
> 共尝佳品达沙门，沙门色相传莲炬。
>
> 童稚饱腹庆州平，还向街头击腊鼓。

腊八粥又叫佛粥。当时朝廷赐粥已然成俗，佛家散粥也已成俗。届时，人头攒动，喝粥、品情……也是诗一般的意境。

腊八，世间的画面是温馨的，家家户户都煮着腊八粥，让它的香味肆意飘散，然后凝聚生情。

一首首唯美的诗，用它的真挚为腊八节增色，给了它专属的美。它的起源是朦胧的美，罩了一层轻纱，若隐若现却也倾城倾国；它的味道是醇厚的美，又香又浓。

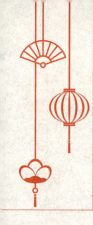

参考文献

1. （战国）孔丘：《礼记·月令》。

2. （战国）刘向：《战国策赵策》。

3. （宋）吴自牧：《梦粱录》。

4. （战国末年）吕不韦极其门客：《吕氏春秋》。

5. （明）高濂：《遵生八笺》。

6. （唐）刘恂：《岭表录异》。

7. （东汉）崔寔：《四月民令》。

8. （宋）孟元老：《东京梦华录》。

9. （清）艺兰生：《侧帽余谭》。

10. （东汉）张衡：《西京赋》。

11. （唐）魏征：《隋书》。

12. （明）李时珍：《本草纲目》。

13. （唐）段安节：《乐府杂寻》。

14. （宋）周密：《武林旧事》。

15. （战国）列子：《列子》。

16. （宋）李昉、扈蒙、徐铉等：《太平广记》。

17. （宋）田况：《儒林公议》。

18. （南北朝）顾野王：《玉篇》。

19. （唐）李百药：《北齐书》。

20. （唐）卢言：《卢氏杂说》。

21. （宋）陶谷：《清异录》。

不可不知的中华节日常识（青少年版）

22.（南北朝）宗懔：《荆楚岁时记》。

23.（西汉）韩婴：《韩诗》。

24.（南北朝）范晔等：《后汉书》。

25.（西汉）桓宽：《盐铁论》

26.（清）潘荣陛：《帝京岁时纪胜》。

27.（清）顾禄：《清嘉录》。

28.（唐）封演：《封氏闻见记》。

29.（北魏）贾思勰：《齐民要术》。

30.（西汉）司马迁：《史记》。

31.（西汉）淮南王刘安及门客李尚、苏飞、伍被等：《淮南子·天文训》。

32.（宋）庄绰：《鸡肋篇》。

33.（宋）王溥：《唐会要》。

34.（宋）庞元英：《文昌杂录》。

35.（宋）吕原明：《岁时杂记》。

36.（战国）作者不详：《穆天子传》。

37.（战国）屈原：《九歌·湘君》。

38.（战国）屈原：《楚辞》。

39.（战国）屈原：《离骚》。

40.（东汉）应劭：《风俗通义》。

41.（元）脱脱、阿鲁图等：《宋史》。

42.（清）富察敦崇：《燕京岁时记》。

43.（明）沈榜：《宛署杂记》。

44.（清）曹雪芹：《红楼梦》。

45.（唐）韦绚：《刘宾客嘉话录》。

46.（战国）作者不详：《夏小正》。

47.（明）冯应京：《月令广义》。

48.（明）谢肇淛：《五杂咀》。

49.（西晋）司马彪：《续汉书》。

50.（唐）段成式：《酉阳杂俎》。

51.（明）李时珍：《本草纲目》。

52.（西周）姬昌：《周易》。

53.（五代）王仁裕：《开元天宝遗事》。

54.（元）陶宗仪：《元氏掖庭录》。

55.（明）刘侗、于奕正：《帝京景物略》。

56.（宋）周密：《乾淳岁时记》。

57.（清）赵襄力：《攸县志》。

58.（南北朝）刘义庆：《世说新语》。

59.（唐）张说、张九龄等：《唐六典》。

60.（西周）周公旦：《周礼》。

61.（明）刘若愚：《酌中志》。

62.（清）袁枚：《随园食单》。

63.（唐）房玄龄等：《晋书》。

64.（清）金易：《宫女谈往录》。

65.（南北朝）吴均：《续齐谐记》。

66.（唐）孙思邈：《千金方》。

67.（明）张岱：《陶庵梦忆》。

68.（隋）杜台卿：《玉烛宝典》。

69.（清）作者不详：《邵氏闻见后录》。

70.（东汉）许慎：《说文解字》。

71.（宋）张君房：《云笈七笺》。

72.闻一多：《端午考》。

73. 闻一多:《端午的历史教育》。

74. 秦廷秀、褚保熙:《雄县新志》。

75. 陈振鹏、李廷先、钟振振等:《唐宋词鉴赏辞典》。

76. 张冰隅:《农历与民俗文化》。

77. 王连海:《中国民间玩具简史》。

78. 胡朴安:《中华全国风俗志》。

79. 马大勇:《节令琐谈》。

80. 萧放:《岁时·传统中国民众的时间生活》。